岩波現代文庫／学術 403

はじめての政治哲学

デイヴィッド・ミラー
山岡龍一・森 達也［訳］

岩波書店

POLITICAL PHILOSOPHY: A Very Short Introduction
by David Miller

Originally published in English in 2003
by Oxford University Press, Oxford.

First Japanese edition published 2005,
this paperback edition published 2019
by Iwanami Shoten, Publishers, Tokyo
by arrangement with Oxford University Press, Oxford.

まえがき

わたしは、これまで政治哲学に触れたことのない人々にとって、政治哲学を興味深く理解しやすいものにしたいと願って本書を書いた。したがって、正確さを犠牲にせずにできるかぎり簡潔な文章とするよう努力した。専門的なジャーゴンを駆使するという、現代の学術書の魅力を失わせている陥穽にはまることを避けつつ、抽象的な思想を説明するという試みは、興味深い挑戦であった。わたしは、オックスフォード大学出版の二人の査読者に加えて、グラハム・アンダーソン、ジョージ・ブラウン、スー・ミラー、エライネ・プール、アダム・スィフトという、さまざまに異なった分野に属する友人たちにとても感謝している。彼らは原稿の初稿を読んでくれることに同意してくれたし、一般的な励ましとともに多くの有益な示唆をしてくれた。わたしはまた、最終稿を準備するうえで貴重な援助をいただいた、ゾフィア・ステムプロウスカにも感謝したい。

目　次

まえがき

1　政治哲学はなぜ必要なのか……1

2　政治的権威……29

3　デモクラシー……57

4　自由と統治の限界……85

5　正　義……115

6　フェミニズムと多文化主義……143

7　ネイション、国家、グローバルな正義……175

政治哲学はどのようなものとなりうるのか …………………… 山岡龍一 …… 209
岩波現代文庫版あとがき ……………………………………… 山岡龍一 …… 225
文献案内

1　政治哲学はなぜ必要なのか

本書は大きな主題を扱う小著である。よく知られているように、一つの絵画は千の言葉に匹敵するのだから、政治哲学が何に関するものなのかを理解しやすくするために、ある非常に大きな絵画について語ることから始めたい。その絵画とは一三三七年から一三三九年のあいだにアンブロージョ・ロレンツェッティによって描かれたものであり、シエナ市庁舎内にあるサラ・デイ・ノーヴェと名づけられた部屋の三方の壁に架かっている。この絵は通常「善き統治と悪しき統治の寓意」と呼ばれている。ロレンツェッティのフレスコ画は、何よりもまず善き統治と悪しき統治の本性を表しているのであり、それを統治者がもつべき資質ともつべきでない資質を表象するような人物を描くことでなしている。そしてその上で、この二種類の統治が普通の人々の生活に与える影響を明らかにしているのである。善き統治の場合をみてみよう。そこには豪華な官服を身にまといながら王座に座っている威厳のある統治者がおり、彼は

《勇気》《正義》《大度》《平和》《思慮》そして《節制》といった徳性を表象する人物たちで囲まれている。彼の下には一群の市民が列をなしており、その中を長い紐が通され、その端がこの統治者の手首につながれている。これは、統治者と民衆が調和的に結びついていることを象徴しているのだ。右に目を転じてみよう。まずは都市において、次には田園において、善き統治が与える影響がロレンツェッティによって描かれている。都市には秩序と富がある。職人は巧みに仕事をこなしており、商人が売買をし、華やかに装飾された馬に貴族が乗っている。手をつなぎ輪になって踊っている人々の姿もみられる。都市の城門を越えて着飾った婦人が狩りに乗り出しており、その横を肉付きのよい背中に鞍模様のある《サドルバックの》豚が市場へと運ばれている。田園では農夫が土地を耕し作物を収穫している。注意力を欠いた人がこのフレスコ画をみて、そのメッセージを理解できない場合を想定して、《安全》を表象している翼のある女性が空中で掲げている旗に、次のような言葉が書かれている。

この共同体がこの女性統治者を支持するかぎり、彼女が悪しき者からすべての力を奪ってくれるので、恐れを抱くことなくすべての人は自由に移動できるし、各人は地を耕し種をまくことができる。

これと反対側に位置するフレスコ画は、悪しき統治を表している。これは向かいの絵と比べると保存がよくないが、伝えるメッセージは同様に明白である。悪魔のような統治者が、《貪欲》《残酷さ》そして《自惚れ》といった悪徳によって囲まれており、都市が軍隊の占領下にあり、荒地となった田園は幽霊のように描かれた軍隊の手により荒廃している。ここでは《恐怖》を表象する人物が、次のような言葉が書かれた碑文をもっている。

各人が自分自身の善だけを求めているので、この都市では《正義》が暴政に屈している。それゆえこの街道では、命の恐れを感ぜずに誰も通過することができない。なぜなら都市城門の内にも外にも強盗がいるからだ。

ロレンツェッティの壮大な壁画を鑑賞する以上に、政治哲学とは何であり、なぜ政治哲学が必要なのかを理解するうえでよい方法はない。政治哲学を、善き統治と悪しき統治の本性、原因、そして結果に関する探究と定義することができる。そしてこの絵画はこの探究を簡潔に表しているだけでなく、この主題のまさしく中核に在る三つの考えを目に見える仕方で印象的に表現しているのだ。第一の考えとは、善き統治と悪しき統治が人間の生の質に深く影響を与える、というものである。正義やその他の徳性が支配しているおかげで、普通の人々が仕事や商売に従事し、狩りやダンスを楽しむことができるようになるありさま、つまり一般的にいって人間の生活を向上するあらゆることが享受可能となるありさまを、ロレンツェッティは表現しているのであり、もう一方の絵で彼は、暴政が貧困と死を生み出すことを表している。したがって第一の考えとは以下のようになる。つまり、我々が善く統治されるか、もしくは悪しく統治されるかによって、我々の生活は本当に違ってくる、というものである。政治に背を向け、私的な生活へと退却し、我々が統治される仕方は自分の私的な幸福に大した影響を与えないだろう、と思い描くことはできないのだ。

第二の考えとは、我々の統治の形態はあらかじめ決定されていない、というものである。つまり、我々には選択の余地があるのだ。結局のところいったいなぜ、この壁画はそもそも描かれることになったのだろうか。この絵はサラ・デイ・ノーヴェ(九人の間)に描かれており、この九人は一四世紀前半この都市を支配していた九人の裕福な商人からなる評議会のことを指していた。したがってこの絵は、評議会の人々にシエナの民衆に対する責任を思い起こさせるのみならず、イタリアの都市の多くで大変な政治的混乱が跋扈《ばっこ》する時代に、この地において共和主義政体が確立されたことを讃えるという役目をもっていたのだ。悪しき統治を描くというのは、単なる学究的な営みではなかった。それは、もし都市の統治者が自らの民衆に対する義務を怠るなら、あるいはもし自分たちの代表者を監視し続けるという己の義務を民衆が怠るなら、いったいどんなことが起こるかを思い起こさせるものであった。

第三の考えとは、善き統治と悪しき統治を見分ける知識は獲得できる、というものである。つまり、異なった形態の統治が生み出す諸結果を、その根源にまでさかのぼることができるのであり、最善の統治形態を構成する特質が何であるかを学べるのだ。換言すれば、政治的知識と呼べるものが存在するのである。ロレンツェッティのフレスコ画には、こうした考えに付随する特徴がすべてみられる。すでにみてきたように、有徳な統治者は当時の政治哲学の基準によって善き統治を特徴づけるとされた資質を表象している人物によって囲まれるように描かれていた。フレスコ画は教育的であるように意図されていた。つまり、統治者と市民の両者に、彼らが望んでいるような種類の生活をいかにして達成すべきかを教えるように意図されていたのである。そしてこの意図の前提となるのは、どのようにしてそれを達成すべきかを我々は知ることができる、という信念であり、ロレンツェッティはこれを確実に信じていたのであった。

だが、フレスコ画にあるこのようなメッセージを、我々は信じるべきなのであろうか。この絵が暗黙のうちに提示している主張は、実際本当なのであろうか。どのような種類の統治の下にあるのかということは、我々の生活に本当の違いをもたらすのだろうか。この問題に関して、我々に選択の余地はあるのだろうか。あるいは、統治の形態というのは我々の制御を超えたものなのだろうか。ある統治形態を他の統治形態よりも善きものとしているのは何であるかを、我々は知ることができるのだろうか。以上の問いは(数多あるより小さな問いと並んで)政治哲学者が提示している大きな問いのいくつかである。しかしながらこうした問いに答えようとする前に、もう少し説明が必要である。

ここで統治について語っているとき、わたしが意味していることがらは「当世の政府」(つまり、ある特定の時点の社会の中で権威を持っている人々の集団)よりも広いものを指している。実際、それは国家(つまり、それを通じて権威が行使される、たとえば内閣、議会、法廷、警察、軍隊などといった政治制度)よりも広い意味をもつ。その意味するところは、ルール、慣行そして制度の総体なのであり、その導きの下で我々は社会の中で共存しているのである。人間存在には互いに協同する必要があるということ、つまり、誰が何を誰と行うことができるのか、物質的世界のどの部分を誰が所有しているのか、誰かがルールを破ったなら何が起こるのか、などを知る必要があるということは、おそらくここで当然のこととしてよいだろう。だが、こうした問題を解決するために国家が不可欠であるということは、まだ当然視することはできない。次章で検討するように、政治哲学の中心的問題の一つが、そもそもなぜ国家は、あるいはもっと一般的にいってなぜ政治的権威は必要なのか、という問いなのである。そして、国家なしで社会は完全にうまく自らを統治することができるのだ、というアナーキストの議論に取り組む必要が我々にはある。したがって「善き統治」には国家を、あるいは通常の意味での政府をもつ必要があるのか、という問いは当座のところ答えずにおいておきたい。本書の最終章にまで解答を保留しておくもう一つの問いがあるが、それはたった一つの政府があるべきなのか、もしくは多くの政府があるべきなのかという問い、すなわち、人類全体にとっての単一の体制があるべきなのか、もしくは異なった人々には異なった体制があるべきなのかという問いである。

ロレンツェッティが壁画を描いたとき、善き統治と悪しき統治を二種類の統治者がもつ人間的資質という観点と、そうした資質が彼らの臣民に与える影響という観点から表象していた。そのメッセージが伝えられた媒体のことを考えるなら、こうしたやり方は避けがたいものであった。だが、何にせよこのやり方は、彼の時代の思想と軌を一にするものだった。善き統治というのは、統治の制度自体に関することであると同じくらい、統治する人々の資質に関すること、つまり、そうした人々の賢さ、勇気、寛大さなどに関することであった。もちろん、制度をめぐる論議も存在した。たとえば、君主政は共和政より望ましいものか、もしくはその逆なのか、といった議論である。現代では議論の強調点が変わってしまった。我々は善き統治制度について考えることが多く、それに比べるとそうした制度を運用する人々の個人的資質についてはあまり考えない。おそらくこうした傾向性は行き過ぎたものであるのだが、わたしはこの現代的な傾向に従い、この後の章ではいかにして我々の統治者を有徳にするかについてではなく、主として制度としての善き統治について語るつもりである。

さてここで、この大きな絵画の背後にある思想の問題に戻ろう。三つのうちで擁護するのが最も容易なのが、統治は我々の生の質に深い仕方で影響を与える、という思想である。もしこのことにすぐ合点が行かない読者がいるとすれば、おそらくそれは彼もしくは彼女が、毎年ごとにその内容の多くが変化するといったようなことのない、相対的に安定した統治形態の下で生活しているからである。選挙の際にある政党が別の政党に取って代わられるとしても、その交代はほとんどの人々の生活に周縁的な影響しか与えない(政治家はそうでないふりをするだろうが)。しかしそのような体制ではなく、前世紀に興亡した体制について考えてみよう。つまり、ドイツにおけるナチスとこの体制によって殺された六〇〇万人のユダヤ人について、もしくは毛沢東の中国と、いわゆる「大躍進運動」が惹き起こした飢饉の結果死んだ二〇〇〇万人以上といわれる人々について、考えてみよう。その同時代のほかの国の中には、国民全体の生活水準が先例のない度合いで向上した国もあったのである。まるで二〇世紀の歴史は、ロレンツェッティの壁画にある鮮やかな対照を、ほぼ正確に再現しているかに思われるのだ。

しかしながらここに至って、我々が検討している三つの思想のうち、第二のものについて考えなければならない。統治形態の違いは繁栄や貧窮、生と死の直接の原因であった、もしくはいまだ直接の原因であるとして、自分を統治している体制に我々はどの程度まで影響を及ぼすことができるのであろうか。あるいは、こうした体制は連なる鎖の輪のようなもので、我々の制御の及ばないより深層に存する原因によって支配されているものなのだろうか。もしそうであるなら、政治哲学に何の意義があるというのだろうか。というのも、政治哲学の目的は最善の統治形態の選択を助けることである、と公言されているからである。

我々に政治的な選択肢など本当はないのだ、という宿命論的な考えは、歴史の中で異なった時期に異なった形態で登場してきた。ロレンツェッティが彼のフレスコ画を描いていたころ、歴史は循環するものだと多くの人々が信じていた。つまり、善き統治は長続きできず、時の流れとともに不可避的に腐敗していくものであり、結局暴政へと堕ちていく。そして遅々とした段階を経てはじめて、その最善の形態へと戻ってゆくとされた。他の時代(最も顕著なのが一九世紀なのだが)では、歴史の進歩という考えが支配的であった。つまり、原始的な野蛮状態から文明のより高度の段階まで、歴史は直線的に進むというのである。しかしながらこの考えもまた、社会が統治される様態は人間の制御下にはない社会的な原因に左右される、という含意をもっている。この種の考えで最も影響力をもったものはマルクス主義である。マルクス主義の主張とは、社会の発展は究極的には人々が物質的な財を生産する様式——使用された技術や採用された経済システム——に依存する、というものであった。政治は「上部構造」の一部となった。つまり、支配的な生産様式の必要に連動させられていたのである。したがってマルクスによると、資本主義社会において国家は資本家階級の利益に奉仕せねばならず、社会主義社会において国家は労働者の利益に奉仕することになり、やがて共産主義の段階になると国家は完全に消滅することになる。この観点からすると、統治の最善の形態に関する考察は意味のないものとなる。なぜなら、我々の問題は歴史によって解決されることになるからである。

興味深いことに、マルクス主義のたどった道筋そのものが、この種の決定論の何が間違っているのかを明らかにしている。マルクス主義思想の影響を受けた社会主義革命が、マルクスによるとそれが起こるはずのないところ(相対的にいって経済的に未発達で、それゆえに社会主義的生産様式を採用する用意のない社会であったロシアや中国)で勃発した。その一方で、もっと発達した資本主義社会の中には、かなり安定的な民主政体が確立される――それは、階級分裂というこうした社会の本性を前提とするなら、起こるはずはないとマルクスが考えたことである――ところもあれば、ファシズム体制の餌食となる国家もあった。すると、政治はかなりの程度で経済から、あるいはもっと一般的にいうなら社会の発展から独立していた、ということになる。このことが再び意味するのは、民衆が狭い意味での統治形態についてのみならず、自らの社会が構成される仕方というより広い意味での統治様式についても、重大な選択をしていたということなのである。一党支配制国家か、もしくは自由な選挙を伴うリベラル・デモクラシーか。中央統制経済か、もしくは自由市場経済か。こうしたことがらは政治哲学者が答えようと努めている問いであり、こうした問いが再び議論の主題となったのである。

しかしながら、一九世紀に大変普及した種類の歴史決定論が二〇世紀の経験によってその信用を失ったとしても、二一世紀のはじめには新たな形態の宿命論が台頭してきている。この宿命論を鼓舞しているのが、新たなグローバル経済の成長という事実と、こうした経済から国民が便益を得るよう欲したとしても、そのために国家ができる策略の余地はますます小さくなっている、という確信である。いかなる国家であっても、もしこうした市場に反抗するならばその経済は衰えることになるであろう。そして、この新しいグローバルな競争に勝ち残れそうな唯一の国家体制はリベラル・デモクラシーである。したがってそれ以外の仕方で社会を統治することは可能である(たとえばイスラーム体制)としても、そうした統治の代価として経済の相対的な衰退が待っているであろう。この代価をわざわざ払おうとする社会などない、と想定されている。以上がいわゆる「歴史の終焉」テーゼであり、その本質は、すべての社会は経済の諸力に駆り立てられ、だいたいにおいて同じ仕方で自らを統治するようになるであろう、という主張である。

ほぼ間違いなくこの形態の宿命論も、以前の形態のそれを襲ったのと同じような出来事によって掘り崩されることになるであろう。すでに、環境や、発展途上国に対するグローバル市場の影響、グローバルな文化がもたらす文化水準の劣化などをめぐる政治運動というかたちで、グローバリゼーションへの反動が生まれているのをみることができる。こうした運動は経済成長が至高の目的であるという考えに挑戦しており、そのような挑戦の過程で、我々の生の質にとって究極的な価値は何であるのか、そしてそうした目的をどのようにすれば達成できるのか、という問いを掲げている。これらは、政治哲学の核心的な問いなのである。そして、通常の意味での政治論議の主要関心事に話を限定したとしても、いまだに広範な論争の余地があるのであり、それは、より多くの平等のためにどれだけの経済的自由を犠牲にすべきか、もしくは我々が住む共同体を強化するために個人的自由をどのくらいまで制限すべきか、といったことを問題にしている。本書が書かれている時点において、テロリズムや個人の権利、〈たとえ他の国家がどのような統治形態をとっていても、その国内事情に介入することはできない〉という原理などをめぐって、激しい議論が現在なされている。こうしたことがらもまた集合的な選択に関する問題であり、典型的な政治哲学の問題なのである。

ここまでにわたしは、我々すべてにとって必須の重要性をもつ問題や、さらには我々が現実に政治的選択をなしている問題を政治哲学は取り扱っているのだ、と主張してきた。ここでは政治哲学という学問を総体として否定する人々が提出する、もう一つの理由を批判的に取り上げたい。つまり、政治とは権力の行使に関するものであり、権力をもつ人々(とりわけ政治家)は政治哲学の作品にまったく関心をはらっていない、というものである。この考えによれば、もし何事かを変えたいのなら、街に出ていき、デモをし、騒乱を惹き起こすか、もしくは買収したりゆすったりできる政治家を探すべきなのであり、善き社会についての学問的論考などという、誰も読まないものにかかずらうべきではない。

政治哲学者が政治の現実に直接介入しようとしたとき、たいてい失敗することになるというのは本当である。彼らは強力な統治者に忠告を与えてきた(アリストテレスはアレキサンダー大王の個人教師であったし、マキアヴェッリはフィレンツェのメディチ家に助言を試みた。そしてディドロはエカテリーナ二世によってサンクト・ペテルブルグにまで招かれ、ロシアの近代化の方法について議論をした)が、こうした介入が善い結果をもたらしたかどうかというのは別問題である。激しい政治的対立の最中で書かれた論考が、対立する両者を遠ざけるだけの結果になることがしばしばある。有名な例がトマス・ホッブズの『リヴァイアサン』であり、この著作はイングランドの内戦が猛威を振るう中で書かれた政治哲学の傑作である。絶対的な統治を支持するホッブズの議論(これについては後の章においてさらに詳しく論じる予定である)は、王党派によっても、そして議会派によっても歓迎されなかった。前者は神によって君主は統治するように定められていると信じており、後者は正統な統治は臣民の同意を必要とすると信じていた。人間の置かれた状況に関する荒涼とした見方を描いていたホッブズは、そのことによって、確立され実効力のある政府なら、その政府としての資格がどんなものであろうとも、我々は服従しなければならない、という結論に達していた。この結論が含意していたのは、チャールズ一世はその統治時代に統治する権利を保持していたのだが、クロムウェルがチャールズを退けることに成功したとき、同じくクロムウェルにも統治する権利があったということである。こうした意見に、王党派も議会派も耳を傾ける気はなかった。

ホッブズの事例によって、政治哲学者がこのように政治の現実に直接的な影響を与えることがほとんどない理由を説明できる。政治を哲学的な観点からみているがゆえに、政治哲学者は政治家や一般公衆が通常抱いている信念の多くに挑戦するに違いない。こうした信念を彼らは、人々があることがらを述べているときそれが正確に何を意味しているのか、自らの確信に対してどんな証拠をもっているのか、自らの信念が批判された場合どのようにして正当化するのか、といった問いを掲げることによって詳細に調べあげる。普通法廷でなされるようなこうした精査の所産の一つとして、次のことがいえる。つまり、政治哲学者が自分の考えや計画を提示するとき、その考えはたいていの場合、通常の議論に馴染んだ人々の目に奇妙で不穏なものに映ることになる。ちょうどホッブズの考えが、内戦の際に戦い合う両陣営にとってそのように映ったように。

しかしながら以上のことをもって、政治哲学が時間の経過を経た後に影響力を、それもしばしばかなりの影響力をもちうることが否定されるわけではない。政治について考えるとき、しばしば自分でも意識していない前提(基底的で隠された前提なのだが、歴史の経過の中で極めて劇的に変化する前提)を我々はもっている。たとえばホッブズの時代では、政治の論争において宗教的原理に、特に聖書の権威に訴えることは普通のことであった。ホッブズが残した恒久の遺産の一つとして、政治に関する純粋に世俗的な思考を可能にしたことがある。彼自身宗教的な問題に深くかかわってはいたが、政治的権威に対するホッブズのまったく新しいアプローチによって、政治と宗教が分離され、異なった用語で論じられることが可能になった。あるいはホッブズの時代では、ごくわずかの急進主義者のみがデモクラシーを統治の一形態としてまじめに信じていた、ということを考えてみよう(例によってホッブズは、デモクラシーの考察を排除してはいなかった。ただ、それは一般に君主政に劣ると考えていた)。

もちろん現在では、どうしたらそれ以外の統治形態を正統とみなせるのかほとんど想像できないほどに、我々はデモクラシーを当然のものとしている。こうした変化がどのようにして起こったのか。この過程を説明するなら、それは複雑なものとなる。だが、その中に含まれる不可欠の要素として、デモクラシーを擁護する議論をした政治哲学者の役割があるのであり、そうした哲学者の思想がとりあげられ、流布され、政治の主要な流れに組み入れられてきたのである。最もよく知られている例がジャン＝ジャック・ルソーであり、その著作『社会契約論』を通じて与えられたフランス革命に対する彼の衝撃には議論の余地がない。(このことに関し、少なくともトマス・カーライルに疑問はなかった。抽象的思想の実践的意義を示すように問いただされたとき、彼は次のように答えたといわれている。「かつて、純粋に観念のみを含んだ一冊の本を書いたルソーと呼ばれる男がいた。その本の第二版の装丁は、第一版を嘲笑した人々の皮膚によってできていたのだ」。)

政治思想のいずれかの著作をとりあげて、それがホッブズの『リヴァイアサン』やルソーの『社会契約論』、もっと後の例ではマルクスとエンゲルスの『共産党宣言』のような影響力をもつかどうか、あらかじめ知ることはできない。そうしたことは、哲学者が提示する思考の根本的な変化が政治や社会の変化と(新たな思想が次世代のあいだでありふれたものとなるような仕方で）一致するか否かにかかっている。政治哲学の著作の中には、限定的な成功しかおさめず、ほとんど跡形もなく消え去ってしまったものもある。しかしながら政治哲学への必要性はつねに存在している。とりわけ、その時代の通常の叡智を使って対処できない新たな政治の難問に直面するようなとき、その必要があることが多い。そのようなとき、政治的信念の深層に潜り込み、その基礎を探り出す必要があるのであり、こうした場合に我々は政治哲学へと向かうのである。ただしおそらく政治哲学の原典そのものに向かうのではなく、パンフレットや雑誌、新聞といったようなものを通じて政治哲学に向かうのだが――成功した政治哲学者はみな、メディアに通じた門弟がいたおかげでその考えを流布させることができたのである。

しかしながら、政治哲学が本当にある必要に応えるものだとして、その信用は本物なのであろうか（強烈に感じられた必要に占星術は応えている――自分の将来はどうなっているのかを人々は知りたがっている。だが、占星術そのものは完全にいんちきであると、ほとんどの人は思っている）。というのも、政治に関するある種の真理を、つまり我々が普段依拠している意見とは異なる何かをもたらすことができると、政治哲学は主張しているからである。この主張を最も劇的な仕方で提示したのがプラトンであるが、彼は『国家』における洞窟の比喩によってこの主題の父祖であるとみなされてきた。プラトンは普通の人々を洞窟の中で鎖につながれた囚人に喩えた。彼らは目の前にあるスクリーンに映る事物の影だけがみられるようにつながれている。プラトンによれば、この人々はこうした影が唯一の実在する事物だと思い込んでいる。さて、囚人の一人が解き放され、目を瞬かせながら光の当たる場所に現れたと想定してみよう。次第に彼は世界の中にある現実の対象をみるようになり、かつてみていたものは影にすぎなかったと理解することになる。だが、もしその後彼が洞窟へともどり、仲間にその過ちを認めさせようとしても、彼が信じてもらえることはありそうにない。これこそプラトンが考えるところの、哲学者が置かれている状況なのである。哲学者が本物の知識をもっている一方で、彼の周りにいる人々は歪められた臆見(意見)のみをもっている。だが、哲学的な知識への道は長く辛いものなので、あえてその道をゆく者などほとんどいない。

しかし、哲学的知識と普通の意見とのあいだにこのようなはっきりとした対照を描くプラトンを正しいといえるだろうか。ここは彼の区別の形而上学的基礎を論じるところではないので、わたしはただ次のことのみをいっておきたい。つまり、政治哲学についてわたしが考えるとき、ほかの人間存在には手の届かない特別な種類の知識を哲学者がもっている、というような考えはそこに含まれていない。むしろ哲学者は他のすべての人々とまったく同じ仕方で思考し、推論するのであるが、ただ哲学者はもっと批判的にそして体系的にそうするのである。哲学者は何ごとかを当然視することが少ない。我々の信念が互いに整合的であるかどうか、そうした信念は証拠によって支えられているのかどうか、そしてもしそうだとして、どのようにすればこうした信念を一つの大きな考えの中に適切に収めることができるのかといった問いを、哲学者は提示する。わたしのこの見方を説明する最も容易な方法として、いくつかの例をみてみたい。

ある政治家に対して、彼の目標が何であるかを、つまり彼が所属する政治共同体が達成するよう努めるべき目的や価値が何であるかを尋ねるとしよう。もしこの政治家が現代の西洋社会に属しているのなら、彼が提示するリストはおそらくかなりの程度予想可能であろう。すなわち、法と秩序、個人の自由、経済成長、完全雇用、その他などである。これに対して政治哲学者はどのように応じるであろうか。まず第一に、彼女は目標そのものに光をあて、それらの中でどれが本当に究極的な目標であるかを問うであろう。たとえば経済成長をとりあげてみよう。これはそれ自体で善きものなのであろうか。それとも、人々により多くの選択肢を与えるというかぎりで、あるいは人々の生活をさらに健康で幸福なものにするというかぎりでのみ、善いものなのであろうか。さらなる経済成長はつねに善いと想定できるのか、それともたとえこれ以上の成長があっても、真に重要なことがらにその成長がもう貢献することができなくなるという限界点があるのだろうか。完全雇用に関しても、同様の問いを発することができる。完全雇用を尊ぶのは、人々が賃金労働に従事することに本性的な価値があると信じるからなのか、あるいは働かなければ人々がまともな生活水準を保てないからなのか。もし第二の理由が本当なら、働いているいないにかかわらず、すべての人に収入を与え、それぞれが享受する自発的な活動行為に従事させてみたらどうなのか。

政治哲学者は、政治家が提示するリストの中にある異なった目標が、互いにどのような関係にあるのかも問うであろう。ある目標を達成するために、他の目標を犠牲にしなければならないことを、政治家はめったに認めないが、実際のところおそらく彼らはそうした犠牲を払っている。たとえば、法と秩序を個人の自由と対比してみよう。個人の自由を制限する(たとえば犯罪行為に関与しそうに思える人を逮捕するうえで、もっと強力な権力を警察に与える)ことで、街をもっと安全にできないだろうか。もしそうならいずれの価値に、より高い優先性があるべきなのだろうか。もちろんこのことを決定するためには、政治哲学者はそもそも個人の自由とは何を意味するのかについて、さらに語る必要があるだろう。それが意味するのは、ただ単に好きなことをできるということなのか、もしくは、他の誰にも危害を加えないかぎりにおいて好きなことをするということなのであろうか。こうした考察は、問いの答えに大きな影響を与えるのである。

以上のような問いを提起し、何らかの解答を示唆する際、政治哲学者は秘教的な知識に訴えてはいない(もしくは訴える必要はない)。彼らは読者に自分自身の政治的価値について反省するように促し、自分が最も支持する価値が結局のところどれであるか理解するように勧める。その過程で彼らは、新たな情報を付け加えるかもしれない。たとえば、経済成長の価値について考えるとき、物質的な意味で生活レヴェルの標準がまったく異なっている人々を比べてみて、健康や寿命のような身体的基準や、自らの生活にどれほど満足しているのかといった心理的基準に照らして、どれほどの数値上の違いを生んでいるのかを調べるのは、有意義なことなのである。したがって、政治哲学者は社会科学や政治学について充分な把握をしておく必要がある。かつて、彼らはこうした知識を主として、広い領域にわたる人間社会の事情と種々の政治体制に関する歴史的記録から得られる証拠を集めることで、獲得しようと努力していた。このような証拠はやや印象主義的で、信頼性に欠けることも多かった。この点に関して現代の政治哲学者は、二〇世紀における社会科学の大いなる進展のおかげで、もっと堅実な経験的基礎の上に立って議論を発展させることができる。だが、政治哲学者の使命がもつ本質的特徴は変わらぬままである。人間社会のことがらと、社会が統治されている仕方に関して我々が知っていることをとりあげて、その上で、自らの読者が共有していると政治哲学者が信ずる目的や価値に照らして、最善の統治とはどのようなものなのかを問うのだ。この最善の統治形態が、すでに存在している形態にきわめて近いものとなることもあれば、まったく異なったものとなることもある。

ここまでの数段落でわたしが努めてきたのは、普通の人にはアクセスできない特殊な種類の真理に訴えることなく、政治哲学が我々の政治についての思考様式に対し、どのようにして光を当てることができるのかを示すことであった。ここにこれと関連する問題がある。すなわち、政治哲学が我々に提供する類の真理は、どの程度まで普遍的な真理(つまり、すべての社会と歴史のあらゆる時期に対応する真理)であるのか。もしくはそれは、ローカルな知識として望みうる最善のもの、つまり我々が現在住んでいる特定の社会にのみ関連する知識であるのか、という問題である。

これに対してわたしが提示したい解答は、政治哲学のアジェンダは社会や統治が変化するにつれて変わるのだが、そのいくつかの要素は、我々が歴史から知るかぎりむかしからずっと変わらないままだ、というものである。こうした永続的な問いの中に、次章においてとりあげられる予定の、政治や政治的権威に関する基本的な問題が含まれる。そもそも、いったいなぜ我々は政治を必要とするのだろうか。誰かが他者に対して、その人の意思に反して何ごとかをするよう強制するような権利とはどのようなものなのか。わたしが気に入らないときでも、法律に従うべきなのはなぜなのか。といった問いである。しかしながらこれ以外の事例では、それが問いであれ、答えであれ、時の経過とともに変化してきたのであり、なぜそうなったのかを知る必要が我々にあるのだ。

そうした変化の理由の一つとして、社会の中での変化が以前には存在していなかった可能性を開いた、もしくはその反対に可能性を閉じた、ということがあげられる。具体例として、統治の一形式としてのデモクラシーについて考えてみよう。現在ほとんどすべての政治哲学者(少なくとも西洋社会では)にとって、善き統治とは何らかの種類のデモクラシーを意味しなければならない、というのは当然のことである。つまり何らかの仕方で、人民が支配しなければならない(第三章でみるように、こういったとしても実際においてデモクラシーが本当に何を意味するのかに関し、議論の余地が多く残されている)。いまから何世紀にもわたる過去では、これとは反対の考えが支配的であった。善き統治とは賢明な君主政や開明された貴族政、もしくは富裕な人々の統治、あるいはこれらの混合物を意味していた。では我々は正しく、我々の祖先は単に間違っていた、ということだろうか。そうではない。なぜならデモクラシーが機能するためには、ある種の前提条件が必要であるように思えるからである。デモクラシーには、ほとんどすべての人が裕福で教育を受けていること、思想や意見の自由な交流のためのマス・コミュニケーションのメディア、民衆の敬意を勝ち取る機能的な法システムなどが必要なのだ。そしてこうした条件は、ごく最近まで手に入らないものだったのであり、また一夜にしてつくられるものでもない(古典期のアテナイはしばしば例外だとされるが、アテナイの「デモクラシー」は都市の全人口からみれば少数の人々しか包含していなかったのであり、ギリシア人が自ら認めていたように、女性、奴隷、居住外国人の労働によって支えられていた)。したがって、過去の哲学者がデモクラシーを統治の形態として認めていなかったとしても、間違ってはいなかったのである。デモクラシー思想に関する影響力のある源泉であることを先ほどみてきたルソーでさえも、デモクラシーは人間にではなく神々にのみ相応しいのだ、と語っていた。その当時の一般的な状況を鑑みるなら、今日我々が理解しているようなデモクラシーは、実行可能な統治形態ではなかったのである。

変化する政治哲学のアジェンダに関するもう一つの例として、個人の選択に我々が現在付与している価値について考えてみよう。人々には自らの仕事、自分のパートナー、自分が信じる宗教、自分が着る衣服、自分が聞く音楽、その他諸々のことを選択する自由があるべきだ、と我々は思っている。各人は自分に最も相応しい生活のスタイルを発見もしくは創造すべきだ、と考えているのである。だが、生命を維持するためにはほとんどの人が(職業選択の余地があまりなく、娯楽も少なく、共通の宗教を抱くといった)両親と同じ生き方をせざるをえないような場所では、こうした考えにどれほどの意味があるというのだろうか。こうした場所では、ほかの価値にもっと重要性があるのだ。しかもこれが人類史のほとんどにおいて人間社会が置かれていた状況なのであり、したがって、ここ最近の二世紀においてのみ、個人の選択という至高の価値を中心に置いた政治哲学(たとえば第四章で論じる予定の、ジョン・スチュアート・ミルの『自由論』)がみいだされるとしても、ほとんど驚くに値しないのである。

本書においてわたしは、政治哲学の永続的な問題と、ごく最近にのみ政治哲学のアジェンダに上った問題(たとえば第六章で論じられる、女性と文化的マイノリティの主張)とのあいだにバランスを保つように心がけてきた。こうしたバランスは、保つのが難しいものになりえる。現在問題となっている政治の議論に心を奪われて、あらゆるところで政治の基底に流れている根本的な問題から目をそらしてしまうことが容易に起こる。そうならないための対処法の一つが、シエナとロレンツェッティのフレスコ画に立ち返り、政治的権威がどのように構築されるのかということが、富と貧困、生と死の問題に大きな影響を与えるのだという考えに再帰する、ということなのだ。これこそ、次章の出発点なのである。

わたしはまた、以上の諸問題をめぐって提起されている対照的な立場を配置するということと、わたし自身の議論を提示することとのあいだにも、バランスを保つよう努めてきた。アナーキストと国家主義者、民主主義者とエリート主義者、リベラルと権威主義者、ナショナリストとコスモポリタン、などといった人々のあいだで議論がなされるとき、いったい何が問題なのかを説明するのが、わたしの目的である。だが、こうした論争を、何らかのまったく中立的でオリンポスの神々のような視点からわたしが検討していると主張するならば、それは不誠実なことになる。自分自身も政治哲学をすることなしに、政治哲学について記述することは不可能である。したがって、我々の時代において最も激しく論争されている問題のいくつかに対し、ただ一つの妥当な答えがあると読者が考えないように注意するつもりだが、わたし自身がどの答えに共感するのかを隠すつもりはない。わたしと同意できないところで、あなたが自分自身の議論にある根拠をしっかりと発見することを望んでいる。もちろん、わたし、の側から提示された根拠によって、あなたが説得されることをさらに望んではいるのだが。

2　政治的権威

もし誰かが、今日において統治はどのように行われているのか――どのような取り決めの下で共に社会生活を送っているのか――と尋ねたならば、かつてないほどの権力を我々の生活に対して行使する国家《ステイト》によって統治が行われている、という答えが返ってくるに違いない。国家は、身体と所有物を侵害するものから我々を守る基本的な保護を提供してくれるばかりでなく、我々を無数の方法によって支配している。つまり生計を立て、互いにコミュニケーションを行い、あちこちに移動し、子供を育てる、といった我々の生活を規定する条件を策定しているのである。国家は同時に、医療サービスから教育、道路、住宅、公園、美術館、運動場その他にまでわたる幅広い便益を提供してくれる。現在、我々はそうした国家の被造物であるといっても過言ではないだろう。もちろん、すべての国家が同じようにこうした機能をうまく遂行しているわけではないが、しかし失敗した国家に帰属することから利益を得る人はいない。

人類史という観点から眺めてみれば、これはきわめて最近の現象である。人間社会は通常、もっと小さな単位の下で統治されてきた。部族社会においては、その権威はおそらく村の長老たちの手中にある。彼らは集まって話し合い、部族の成員間に生じるあらゆる紛争を解決し、部族の掟を解釈する。漢王朝時代の中国や中世のヨーロッパのように、社会がより大きな規模になってきたときにも、そこには国家と呼ぶに値するものは依然として存在しなかった。たしかに、王や皇帝の手中には至高の権威があったが、日々の統治管理は地方の貴族やその官吏によって行われていた。人々の生活に対する彼らの影響もまた、ごく限られていた。というのも、彼らは(宗教に関することがらを除いて)人々をそれほど徹底して規制しようとはしなかったし、また当然ながら、近代国家が提供するような財やサービスの大部分を提供しようなどとはしなかったからである。政治的権威はこうした仕方で社会という織物に織り込まれていたので、その存在はそれほど論争的ではなかったように思われる。なされた議論といえば、ほかでもない誰が政治的権威を行使すべきか(どんな権利に基づいて王は支配するのか)、また権威は異なった団体——たとえば王と聖職者——のあいだで分割されるべきかどうか、というものであった。

しかしながら、最初に西欧において、そしてその後に他のあらゆる地域において、近代国家が登場したことにより、現在に至る五〇〇年のあいだ、政治哲学者たちは政治的権威の問題に心を奪われてきた。ここに、無数の方法で我々の生活を統治するという権利を主張する、一つの制度がある。その主張を正当化できるものは何か。もしあるとすれば、いかなる状況の下で国家は正統な政治的権威を行使できるのだろうか。我々は普通の市民として、国家が定めた法や、その他の命令に服従する義務をどれほど負っているのだろうか。こうした非常に基本的な問いは、最善の国家のあり方はどのようなものか、つまり政府の形態はどうあるべきか、およびその権威の限界はどこに定められるべきか、といった以後の章における問いに移る前に、解決する必要がある。

国家が政治的権威を行使するというとき、それは何を意味しているのだろうか。国家に関して政治的権威は二つの側面を有する。一方において、人々は一般的に国家を権威として、換言すれば、一定の仕方で振る舞うよう命令する権利を有するものとして認識している。たとえば人々が法に服従するのは、法を制定した組織体が法制定の権利を有しており、かつ自分たちはその権利に対応する遵守義務を負っている、と考えているからである。他方において、服従を拒絶する人々は制裁という脅威によって服従を強いられている。つまり、法の違反者は逮捕され処罰される。この二つの側面は相補的である。もし大多数の人々がほぼつねにその正統性を信じるがゆえに法に服従する、ということがない場合には、法システムは機能しないだろう。つまりこの場合、そもそものはじめから膨大な数の警官が必要だろうし、その次には、いったい誰が彼らに法を遵守させるのかという問いが生じる。同様に、義務の感覚から法を遵守する人々は、法を破る人々が処罰されると知ることでその気持ちを強められる。わたしは隣人の所有権を尊重しているがゆえに、彼から盗まない。彼にもまたわたしの所有権を尊重してほしいと思うが、もし彼がそうしないのなら、警察を呼んでわたしの所有物を取り返してもらえることを知っている。それゆえ、すすんで権威に服従する人々は、良心の欠ける人々の食い物にされないよう保護されていることを知っているのである。

　したがって政治的権威とは、厳密な意味での権威と強制的な服従の組み合わせであるといえる。政治的権威は、賢者の権威——弟子たちは何の強制もなく指示に従う——のような純粋な権威でもなく、あなたから財布を取り上げる強盗の暴力のような純粋な実力でもなく、それらが混ざり合ったものである。だが、なぜそれが必要なのかという問いが残る。結局のところ政治的権威は、とりわけ近代国家のような強力な組織体によって行使される場合、我々に対して膨大な数の決して有難くはない要求を課すのだ。その要求には(たとえば課税のように)我々に物質的不利益を与えるものもあれば、道徳的に反対すること(たとえば自分が反対する戦争への参加)に我々を強制するものもある。社会は政治的権威なしでも完璧にうまく自らを統治できるのであり、国家はその本質からして権力の座にある人々の利得に奉仕する組織的な暴力活動である、と述べるアナーキストに対して、我々はどのように答えればよいのだろうか。

わたしは本章の後半でアナーキストによる代替案の検討に戻るつもりだが、まずは従来のやり方に従って、政治的権威が存在しない社会生活を読者に想像していただくことによって、政治的権威を弁護しようと思う。警察、軍隊、法システム、行政機構、その他国家のあらゆる部門を取り去った場合、いったい何が起こるだろうか。

おそらく、この線に沿った思考実験の中で最も有名なものは、一六五一年に出版されたトマス・ホッブズの『リヴァイアサン』にみいだせる。わたしが第一章で指摘したように、ホッブズはイングランドの内戦による政治的権威の部分的崩壊を目の当りにしており、彼が描いた政治的権威なき生活は、不断の荒涼さに彩られていた。彼は政治的支配なき「人間の自然状態」を、生の必要をめぐる残忍な競争の一つとして描き出した。そこにおいて人々はつねに盗難や攻撃を被る恐怖にさらされており、それゆえつねに他者を先んじて打倒する傾向の下にある。その結果は以下の頻繁に引用される一節に要約される。

そのような状態においては、勤労のための余地はない。なぜなら、勤労の果実が確実ではないからであり、したがって土地の耕作はない。航海も、海路で輸入されうる諸財貨の使用もなく、便利な建築もなく、移動の道具および多くの力を必要とする物を動かす道具もなく、地表についての知識もなく、時間の計算もなく、学芸もなく文字もなく社交もなく、そして最も悪いことに、継続的な恐怖と非業の死の危険があり、それで人間の生活は、孤独で貧しく、つらく残忍で短い。

ホッブズがこうしたペシミスティックな結論に至ったのは、人々はその本性からして利己的かつ貪欲であり、それゆえ政治的権威の制約を受けないと、自分自身のために可能なかぎり多くを奪い取ろうとするだろう、と彼が信じたからだと語られることが多い。しかしこの解釈はホッブズが示した真の論点を看過している。つまり、人々のあいだの協力は信頼なくしては不可能であり、信頼は法を強制する上位の権力が存在しないところでは損なわれるという論点である。ホッブズが「自然状態」において欠けているると述べたものは何であるか。それは何にもまして、その強制によって数多くの人々が、他者もまたその本分を尽くすだろうという期待をもって互いに協力するようになるものである。そして政治的権威が不在の場合、そうした期待を抱くことは安全ではない。もしわたしが誰かとある取り決めを交わしたとして、その取り決めを強制する法が存在しない場合、いったい彼がその取り決めを遵守すると期待すべきだろうか。また、たとえ彼に取り決めを遵守する心構えがあるとしても、彼はわたしについて同じことを心配するかもしれないし、信頼するのはあまりに危険だと判断するかもしれない。ホッブズが論じるところによれば、こうした状況において唯一賢明なのは、最悪の事態を想定し、死の脅威から自分自身を守る方策をつねに講じることである。次に、それを実行する方法とは、他者との比較において可能なかぎり多くの力を蓄えることである。その根本において、政治的権威なき生活を「万人の万人に対する永遠の戦争」に変えるのは、不信から生じる他者への恐怖である。

ホッブズのペシミズムは正しかったのだろうか。彼の批判者たちは次のように指摘した。自分たちの周辺を見渡してみれば、人々が互いを信頼し、互いに協力している充分な証拠をみいだせる。たとえ何も見返りが期待されず、国家やその下位部門が何の介入も行わなかったとしても、互いに助け合うのである。たとえば隣人たちが集い、荒れ果てた子供の遊び場を修繕することを一緒に決め、チームを組み、仕事を分担するかもしれない。そこでは法的な取り決めや強制の手段なしに、相互が相手の果たす分に依拠している。人間の本性とはホッブズが描いたようなものではない。しかしこの見解は何か重要な点を見落としている。たしかにホッブズは人間の本性が低俗なものだという意見をもっていたであろうが(かつて彼は物乞いに金を与えているところをみられたのだが、そのとき彼は、物乞いをみることへの嫌悪から解放されたいがためにそれをしたのだと説明せねばならなかった)、その真の要点は次のことにある。権威の失墜によって恐怖が支配するところでは、人間本性が有する比較的温和な、信頼できる側面は消え去ってしまうであろう。そしてまさに各人の生存が脅かされているる内戦のような状況に置かれたときに、人間がどんな行動をとるのかを知るならば、彼は依然として正しいように思えるのである。

したがって、我々は政治的権威を必要としている。なぜならそれが提供する安全保障によって、我々は他の人々を信頼できるのであり、そして信頼の空気の中で人々は、ホッブズが「自然状態」において顕著に欠けているものとして列挙した便益すべてを、協力して生み出すことができる。しかし権威が存在しないところで、どうやって権威をつくることが可能になるのだろうか。ホッブズが心に描いたのは、すべての人が一所に集まり、以後彼らを統治することになる主権者を擁立すべく互いに信約を交わす様子である。あるいは彼らは、一人の強力な人物――たとえば征服者の将軍のような――に対して個別に服従することもできるだろう。権威が無制約でありかつ分割されていないかぎりは、誰が権威をもつのかはあまり問題でないとホッブズは考えた。この時点で我々は彼と袂を分かつことができる。しかし、権威がどのように構成されるべきかを細かくみる前に、我々はここで立ち止まって、「自然状態」から脱する他の方法がないかどうかを考えるべきである。ホッブズが述べたあらゆることをものともせずに、政治的権威がなくとも社会的協力が可能な場合はないのだろうか。

アナーキストたちはそれが可能だと信じている。彼らの声はつねにわずかな少数派にとどまっているけれども、それを聞き逃すべきではない。政治哲学者として、我々は因習的な知恵を検討する義務を当然負っており、それゆえ代替案を探究することなく政治的権威を自明視するわけにはいかないのである。ここで二つの相異なる方向性が可能であり、アナーキストたち自身がおおよそ二つの陣営に属している。一方は共同体に向かい、他方は市場に向かう。

政治的権威に関する共同体主義的な代替案によれば、人々が直接触れ合う共同体は、人々のあいだに信頼と協力を可能にする礎石として捉えられる。互いが日常的に交流し、誰が共同体の成員で誰がそうでないかを全員が知っている小さな共同体において、社会の秩序を維持するのは比較的容易である。他人を攻撃する人、所有物を奪う人、あるいは共同体の仕事の公正な分担を拒絶する人は誰でも、公然たる制裁を受けることになる。彼の振る舞いに関する情報が広まれば、他の人々は彼を譴責するだろうし、将来において彼と協働することを拒否するかもしれない。共同体の会合において彼は非難され、さらには出てゆくよう求められる可能性すらある。こうしたことは、犯罪者が何かをするよう強制されたり、公式に処罰されたりしなくとも起こりうる。まさにこの点に、共同体主義的な考えを政治的権威の一形式としてよりも、むしろその代替案として記述できる理由があるのだ。人を動かす最も重要な誘因の一つは、周囲の人々に受け入れられ、尊重されたいという願望であり、たとえ人々が聖人でなくとも、小共同体という条件の下ではこの動機こそが協力を可能にするのである。

共同体主義的なアナーキストが論じるところによれば、複数のこうした共同体から成る社会であるなら、より大きな規模での協力が可能となる。その本質からいって共同体は、相互にサービスを交換することに合意するであろう——たとえば各々の共同体は異なる種類の財を生産することに特化するかもしれない。そして、より大きな規模で実行することが必要なプロジェクト、たとえば輸送システムや郵便サービスの構築を共同で行うであろう。そうした協定を結ぶことは各共同体の利益であり、仮にあなたの共同体が信頼に値しないことが判明した際に、以後どの共同体もあなたの共同体と協力しなくなるという、協定違反に対する制裁も存在する。それゆえ繰り返していうなら、人々が何をなすべきかを告げる中央の権威は必要ないし、共同体相互の協力を強いるために強制力を用いる必要もない——こうしたシステムは効果的に自らの秩序を保つであろう。

国家なき生活に関する、このような牧歌的な描写のどこが間違っているのだろうか。主要な問題の一つは、それが社会秩序の基礎として、小規模の、関係が緊密な共同体に依拠している点である。それはかつてならば理に適った想定だったかもしれないが、もはや今日においてはそうではない。我々が生きている社会は、人々が物理的にきわめて容易に移動できるという意味で、かつ新たに協力することのできる——そしてまた遺憾なことに、食いものにすることのできる——人々とすぐに出会えるという意味で、高度に流動的な社会である。たしかにアナーキストの想像図は無意味ではないが、しかし彼らの描くような生活は、長い期間にわたって同じ集団の人々が交流しており、その結果互いの振る舞い方を互いがよく知るようになっている、という仮定の下でのみ機能するのである。彼らはまた、集団から排除される可能性が反社会的行動に対する強い抑止力となることも仮定している。しかしこれは流動性の高い巨大な社会にはあてはまらない。したがって我々に必要なのは何らかの法システムであり、それは他者に危害を加える者を突き止めて逮捕や処罰をするものであり、また相互に拘束力のある取り決めを結ぶことを、それが不履行の際に制裁を加えることによって、可能にするものなのである。

共同体相互の協力もまた、アナーキストが描くほど単純なものではないだろう。というのも、あなたがた自身の共同体に対する忠誠は、しばしば他の共同体に対するかなり強い不信を伴っているし、それゆえに協定は失敗するかもしれないからだ。なぜなら、何らかの共同プロジェクトにおいて、こちらにいる我々が、あちらにいるあなたがたについて、その公平な責務を果たすことで貢献していると確信しないことがありうるからである。またそもそも、〈公平であること〉が何を要求するのかについて、両者の意見が一致しないかもしれない。たとえば、中央の権威が不在のところで、両者が社会全体にいきわたる鉄道網を整備したいとしよう。それぞれの共同体が供与すべき資源の割り当てはどのようになるだろうか。頭数で割るのがよいのか、あるいは富裕な共同体がそれに比例して多く拠出すべきだろうか。わたしの共同体が離れた地域にあり、鉄道網に接続するためにより多くの費用がかかる場合には、それだけを理由に追加費用を支払うべきであろうか。あるいはその費用は全共同体が平等に負担すべきだろうか。こうした問いに対する答えは容易ではなく、そういう問題について多くのローカルな共同体が自発的な合意に至る可能性があると考える理由は存在しない。これとは対照的に、国家は一つの解決を押しつけることができる。国家は、たとえば課税によって、各個人ないし各共同体に一定量の供与を要求できるのである。

ここで、アナーキストが提示した政治的権威と国家に対するもう一つの代替案を考えてみよう。それは市場経済に依拠するというものである。たしかにこの案は、市場が膨大な数の人々を互いに協力させることを可能とする恐るべき道具であると証明されてきたかぎりにおいて、現代世界の特性に適合している。すでに市場は我々が必要とし、かつ欲望する、さまざまな財やサービスの大部分を供給している。しかし市場は国家に取って代わることができるだろうか。

市場アナーキスト――しばしばリバタリアンと呼ばれる――の主張によれば、国家が現在提供しているさまざまなサービスを、我々は個々人で契約し対価を支払うことで手に入れることができるのであり、しかもそのサービスには、人身の保護が含まれるということが、決定的に重要なのである。国家が存在しないところでは、警備会社が顧客とその財産に対する保護を提供するであろう。そこには盗難にあった財産の奪還、強制力を伴う契約の履行、そして人身の傷害に対する賠償の獲得が含まれる。したがって、隣人がわたしのものを何か盗んだとき、わたしが(公共の)警察を呼ぶ代わりに自分が契約している警備会社に連絡すれば、彼らは厄介な隣人に対してわたしの代わりに手を打ってくれるだろう。

だが、この隣人がわたしの主張に異議を唱え、彼が契約した会社——当然ながら、わたしのとは別の——に連絡した場合にはどうなるだろうか。リバタリアンの主張によれば、二つの会社が合意に至らない場合、両者は仲裁者にこの事件を付託することになるが、その仲裁サービスに対してまたもや支払いが請求される。結局のところ、戦闘行為はどちらの会社にとっても利益にならないのである。そうすると、まず保護サービスを提供する第一の市場があり、次に紛争をとりもつ仲裁サービスを提供する第二の市場があることになる。もちろん、全員が同じ警備会社との契約を選択しなければの話だが(しかし、なぜそうなるのだろうか)。現在国家が提供している他のサービスもまた市場の手に委ねられる——人々は医療保険に加入し、子供を教育してもらうために支払い、有料道路の通行料を払う、など。

このシステムは本当に政治的権威なしでやっていけるだろうか。警備会社は顧客の権利を保障するために実力を行使する必要があるだろう。財産が正当なかたちでわたしに帰属することが確定している場合に、もし隣人がその財産を返還しないならば、わたしの契約した警備会社がその奪還のために自分の兵隊を派遣する。だが依然として厳密な意味での権威は存在しない。なぜなら隣人はわたしが依頼した会社を承認する必要がない――彼はつねに反撃できる――からであり、わたしもまた自分の会社の振る舞いが気に入らなければ、別の会社に契約変更できるからである。だからこれは国家に対する純然たるアナーキスト的代替案である。だがこれはよい代替案であろうか。

　さまざまな警備会社がみな、財産紛争その他を裁定する同じ一連のルールを履行することに合意し、紛争が起こった場合には全員が独立仲裁人の決定に同意すると考えれば、この案は魅力的であるように思える。だが、なぜそうすべきなのだろうか。警備会社の中には、どんな場合にも――つまり、大部分の人々が受け入れている基準に鑑みて誤っていることが明らかな場合でさえ――顧客の側に立って戦うことによって、顧客の獲得を希求するものがいるかもしれない。こうした警備会社が少数でもひとたび市場に参入するならば、他の会社もまた攻撃的な態度をとることで対応せねばならないだろう。このことは、紛争が徐々に物理的な実力行使によって解決されるようになることを意味しており、普通の人々が激しい戦闘に巻き込まれる危険《リスク》を伴っている。我々は、ホッブズの言う「万人が万人の敵である戦争」状態に連れ戻されてしまったようである。この状態に置かれた各人にとって唯一合理的な決定は、たいていの戦闘を勝ち抜きそうな警備会社に加入することである。だがその結果は、全員に対して同一のルールを課す権力と権威を有する組織体の成立である。言い換えれば、我々は(意図せざる仕方で)再び国家を成立させたのである。

国家が現在遂行している機能をすべて市場に委ねることには、もう一つの問題がある。そうした機能の一つに、「公共財」――全員が享受しており、かつその享受から誰も排除されることがあり得ないような便益――と呼ばれるものの提供がある。この公共財はさまざまな形態をとる。たとえば清浄な空気と水、外敵からの防衛、道路や公園、あるいは文化施設へのアクセス、コミュニケーション・メディアなどである。こうした財の供給は人々に何らかの制限を課す――たとえば政府が製造業者に対して有毒ガスの排出制限を要求する――ことでなされるか、あるいは増税してその歳入を公共放送や輸送システム、環境保護その他に使用することでなされるかのいずれかによって達成される。こうした財を、市場経済をつうじて創出することができるだろうか。人々が自分で使用したい財やサービスに対価を支払う、というのが市場の基礎である。そして公共財の問題性とは、対価を払うか否かにかかわりなくそれが全員に提供されるという点にほかならない。もちろん、提供される財の価値を認識したときに人々が自発的に貢献するかもしれない、と考えることも可能である。維持管理に費用のかさむ古い教会は、教会見物で楽しんだ訪問者たちが出口近くの募金箱に入れるお金を、ある程度頼りにすることができる。だがそこには、ただ乗り《フリー・ライド》の強い誘惑が存在するし、多くの場合、我々はほとんどそれと気づかずに公共財を享受しているのである(朝起きたときに、呼吸できる空気があって外国の侵略から守られている自分は何て幸運なのだろう、などとは考えない。何か悪いことが起こるまで、こうしたことは当然視されるのだ)。したがって、そうした公共財の供給を確保するために、強制力を伴った政治的権威が必要であるように思える。

公共財を市場をつうじて供給する方法や、人々が団結して公共財の創出に貢献するようにする手段をめぐって、リバタリアン・アナーキストが提案してきた巧妙な議論のすべてをここで考察する余裕はない。政治哲学においてはつねに、さらなる議論が尽きることはない。だがわたしはここまでに、共同体や市場は(人間生活の多くの側面において重要なものではあるのだが)、政治的権威およびその現代的体現者たる国家に取って代わることができないという理由を示すのに、充分な議論をしてきたと思っている。

国家が規制を行ったり、課税したり、軍務に徴集したり、その他さまざまな仕方で生活を侵害するとき、我々は国家を嫌うかもしれないが、しかし国家がなければうまく生活できない。真の選択は政治的権威の是非ではなく、どのような種類の権威をもつべきか、またその限界はどこであるべきか、ということである。こうした問いは次章以降の主題である。だがしかし、権威それ自体に関する考察もまだ完全には終わっていない。答える必要のある決定的に重要な問いが一つ、残されている。わたしが嫌いなことや賛同しないことを為すように権威が命令するとき、わたしはなぜそれに服従しなければならないのか。政治哲学者たちはこれを「政治的義務の問題」と呼んでいる。

政治的権威が必要である理由を示したことで、この問いに対する答えはすでに与えられたと思うかもしれない。だが実際には、たとえば英国政府には立法と課税の権利があると認めることと、わたしが個人としてそれらの法を守り税金を払うよう義務づけられていると考えることのあいだには、依然としてギャップが存在する。たとえばわたしが義務を拒否したとしても、政府の崩壊を惹き起こしたり、社会秩序の維持管理能力に対する深刻な妨害となったりはしない。すべての国家は相当数の違法行為や脱税に対処して存続している。もし自分の行為の帰結だけを考えるならば、わたしが次のような結論に達してもおかしくない。すなわち、より大きな善が法の違反から

——たとえば、自治体当局による歴史建造物の取り壊しを防ぐために、門扉に自分を鎖で縛り付けてブルドーザーの通行を妨害する——得られるという結論や、税金の支払いにあてたであろうお金を慈善団体であるオックスファムの支援にあてた方がより大きな善が得られるといった結論である。ならばどうしてわたしは法に服従すべきなのだろうか。

もちろん、法に従わなければ処罰される可能性があるというのが一つの理由である。だが、我々がここで探しているのは、服従に対するもっと原理的な理由である。この問題が解決不可能であると結論づける政治哲学者もいる。彼らによれば、法に従うべき独立した理由、つまりその法が正統な権威から発せられているという事実とは無関係な理由が存在する場合のみ、わたしは法に従うべきなのである。けれども、さまざまな積極的解決策の提示を試みてきた人々もいる。実際のところ、あまりに多くの解決策があり、ここですべてを考察することはできない。その中からわたしは二つだけを取り上げる。第一のものは、歴史的にいって最も評判のよいものであるという理由で、第二のものは、わたしが大体において正しいと信じているという理由で。

第一の解決策は次のように論じる。我々が法に従うべきなのは、そうするよう契約した、あるいは同意したからである。この考えの魅力を理解するのはたやすい。たとえばわたしが地元のサッカークラブにまで出向き、参加を願い出たとしよう。土曜になるとわたしは試合に現れるが、しかしルールに従ってプレイするかわりに、ボールを拾い上げて走ることにわたしが固執したとしよう。クラブのメンバーたちが非常に憤慨することは間違いない。わたしがその趣旨の同意を明示的に取り交わしたかどうかにかかわりなく、クラブに加入したことで、わたしは普通のルールによるフットボール〔サッカー〕をすることに同意しているのだ、と彼らはいうだろう。もしみんながボールを手に持って走ることを許されればゲームはもっと面白くなるという、わたしの意見が嘲笑の対象となるのは当然のことなのだ。彼らはいうだろう。ここはフット、、、ボールのクラブである。参加者はみな既存のルールを暗黙のうちに受け入れていると。

しかしながら、我々がこの議論をフットボールクラブから国家へと移したとき、困難が始まる。というのも一般的にいって、人々は国家に加入するかどうかを選択しないからである。つまり人々は好むと好まざるとにかかわらず、国家に服従を要求されている。そうすると、どのような意味で人々は同意しているのだろうか。ホッブズが論じるところによれば、我々は国家に帰属することを選択している。なぜなら国家は自然状態――先にみたように、そこでの人生は「つらく残忍で短い」――よりも好ましいのであり、国家がどのように生じたかは問題ではないからである。たとえ武力で脅迫する征服者に服従することになったとしても、我々はさらに悪い運命から逃れるためにそうしているのであるから、依然として彼の権威に同意しているといえる。だがここにおいて同意の概念は、原形をとどめぬまでに拡張されている。サッカークラブの例において強制力を生み出したのは、わたしが自由に加入を選択したという事実であった。

後の思想家たちは義務と同意に関するホッブズの議論をしりぞけ、国家への単なる服従という事実以上の何か——法に対する我々の同意を示すものとして使えるもの——をみいだそうと努力した。たとえばジョン・ロックは『統治論第二篇』(一六八九年)において次のように指摘した。我々はみな国家から利益を受け取っており、それは同意の一形式として扱うことができる。とりわけ、国家の主要な機能の一つは財産の保護であるから、我々がたとえば購入や相続によって財産を獲得したときには、いわばその財産に対する国家の管轄権に、それゆえ法に同意したことになる。このことは一週間だけ滞在した者や、公道を使って旅行した者にさえあてはまるとロックは考えた。しかしながら再び問題となるのは、そうした利益を受け取ることについてほとんど選択の余地がないという点である。我々はある種の財産——たとえ食料と衣服だけであっても——なしには生きられない。国境に向かう公道を通らなければ国を出ることもできない。結局これでは同意という考えを、国家の利益を享受する者は誰でも〔国家の権威に〕同意しており法に従う義務を負っている、といえてしまうところまで拡張しているように思われる。

最近では、次のような主張をする政治哲学者もいる。つまり、選挙に参加するとき、我々はそこで成立する政府とその立法に従うことに同意している、というのである。この主張はよりましであるように思える。我々は少なくとも投票するか否かについて自由な選択を手にしており、成立した政府を正統なものと承認しなければ、人々が選挙を行う意味がないだろう。だが残念なことに、投票行為と同意の表明とのあいだには依然としてギャップがあるように思える。たとえばあなたがどの政党ともまったく意見が合わない場合、それでもある政党の方が他と比べるとわずかながらにましだと考えて投票するとしたら、どうなるだろうか。あるいは、選挙戦に勝利した政党がそのマニフェストで公約した包括的な政策パッケージにある意味では同意していたけれども、その中に二、三、強く反対する政策が含まれている――それらに対して個別的に投票する機会はなかった――とあなたが考える場合はどうだろうか。投票者の同意は、政府が正統な権威をもつ理由を説明する助けにはなるかも知れないが、なぜ個々の市民が法に従う義務を負っているのかは説明できない。

同意アプローチをひとまず措くなら、そうした義務の存在を示すもっと有望な方法があるのであり、それは〈公平さ〉ないし「フェア・プレイ」への訴えにかかわっている。ここでもまた一つの事例が、その基本的な考えを最もうまく伝えてくれる。わたしを含むある集団が、共同のキッチンがある家に住んでいるとしよう。週に一度ほど、住人の一人がキッチンを整頓し、鍋や調理台を徹底してきれいにしている。いま、わたし以外の全員が掃除当番を終え、今度はわたしがソースパンを磨き、調理台を拭くことに三〇分を費やす番になった。わたしはなぜそうすべきなのだろうか。わたしは他の人々の働きから恩恵を受けており(きれいな台所で自分の夕食をつくることができた)、したがってわたしもまたコストの分担——この場合はわずかばかりの肉体労働——を引き受けるべきである。もし自分の当番を引き受けないのであれば、わたしは他の住人たちを利用することになり、それゆえ不公平である。注意してほしいのは、掃除当番の分担にわたしが合意ないし同意したと、ここで仮定する必要はないという点である。つまりわたしの義務は、各人が交代で寄与する必要がある慣行の受益者である、という事実から直接生じているのである。

どうすればこの考えを政治的義務へと移し変えられるだろうか。法を守ること、より一般に政治的権威に従うことは、さもなければあなたが利用できた機会を差し控えることを意味している。我々は各々、他者の権利を尊重したり、税金を支払ったり、交通法規を遵守したりする負担から解放されて、自分がまさしく望むことをするのを好むものである。さらにいうなら、服従は他者にとっての利益である。あなたが税金を払えば、我々はその税金を使った道路、学校、病院から利益を受ける。あなたが赤信号で停止すれば、青信号で交差点を通過する他の運転者たちがより安全になる。それゆえ、他の人々が法を守っている事実から利益を受けている法違反者は、あたかも、キッチンを使いながら自分の番に掃除を引き受けない人とちょうど同じ仕方で不公平に振る舞っているようにみえる。

しかしながら、そのようにみえるだけであってはならない。フェア・プレイの議論が政治的義務を正当化しようとする際に克服すべき難点が少なくとも二つある。第一に、国家が提供する便益が全員にとって本当に有益であることを示さなければならない。たとえば、法は財産を保護するのだが、一部の人々だけが財産保有者であるといった場合はどうだろうか。あるいは、多くの人々が芸術にまったく関心がないのに税金が美術館の基金となる場合はどうだろうか。しかしながら、国家が提供する便益のパッケージ全体が全員の暮らし向きをよくし、かつその便益が市民全員——彼らの服従が権威のシステムを可能にする——に対して理に適う仕方で公平に分配されるかぎり、この議論は成り立つ。おそらくわたしが美術館を訪れることはないかもしれないが、地元の公園にある無料のサッカー場を使っているのはたしかである。

公平さを引き合いに出すことで第二の困難に直面する。先の例においてわたしは、家を共有している各人がおおよそ同じくらいキッチンを使い、したがって掃除の負担を平等に引き受けるということを自明の前提としていた。だが、ある人が二週間に一度しかそこで料理しない場合はどうだろうか。彼女は他の人々と同じ頻度で掃除せねばならないだろうか。そもそも彼女はそうしようと思えばもっと頻繁にキッチンを使用できるし、必要なときにいつでも利用可能なのであるから、彼女はみんなと同様に掃除すべきなのだというべきだろうか。あるいは、彼女の実際の使用頻度に則って、要求されている負担の是正を試みるべきだろうか。これらは〈実質的な公平さ〉に関する問いと呼べるかもしれない。フェア・プレイの議論が最もよく機能するのは、それが（その慣行をめぐるコストと便益が、個々の参加者のあいだで公平に分配されているという意味で）実質的に公平な慣行に適用されるときであるように思われる。だがキッチンのような単純な例から社会全体へと移行したとき、我々は困難に直面する。人々が非常に異なった必要、能力、選好その他をもっているとすると、社会的なコストと便益の公平な分配とはどのようなものであろうか。今日の社会において実際にコストと便益が分配されている方法が、到底この理想に届いていないとしたら(これはおそらく正しいと思われるのだが)、それでも我々は、公正な慣行を維持するためにすべての人が法に服従する責務を負っているといえるだろうか。

そういうわけで、政治的義務の問題をわたしが支持する仕方で解決するには、第五章で議論することになる社会正義という主題に取り組む必要があるように思われる。だがここでしばらくのあいだ、我々の社会が充分に公平であり、そのメンバーは法を守る義務を実際に負っていることを示せたと仮定してみよう。このことは、彼らの違法行為が決して正当化されないことを意味するだろうか。それとも、政治的義務は他の原理によって凌駕されうるのだろうか。政治的権威に対する厳格な服従がなければ、その権威は灰燼《かいじん》に帰してしまう、とホッブズを含む政治哲学者たちはしばしば論じてきた。だが実際には、国家や他の形式の政治的権威は、人々が(普遍的というよりもむしろ)大体において権威に服従する心構えがあるかぎりは生き長らえ、有効に機能するように思われる。これこそが限定的なかたちの不服従、とりわけ市民的不服従——違法だが非暴力的な政治的抵抗の諸形態であり、その目的は政府に対してその政策を変更するよう圧力を加えることにある——と呼ばれるものに門戸を開くのである。市民的不服従を擁護する議論とは次のようなものである。ある特定の法がきわめて不正ないし抑圧的である場合、あるいは国家が意思決定に際してマイノリティの利害関心に耳を貸さない場合に、市民的不服従の議論は、法的手段による抵抗が効果的でない場合に、法を破ることを正当化できる。換言すれば、政治的義務はあらゆる場面で拘束力をもつ必要はないのである。我々は法に服従する一般的な義務を負わねばならないが、それでも極端な状況においては依然として、不法に振る舞うことが正当化されるのである。

ここでデモクラシーは何らかの違いをもたらすだろうか。市民的不服従は権威主義体制に抵抗するためには許容できる手段かもしれないが、しかし言論の自由および平和裏に抵抗する権利が認められている民主的国家においては正当化されない――つまり民主的国家の方が政治的義務はより強力である――というのが、よくある見解である。だがこの見解は、民主的な政治的権威にはそれによって他の形態の政治的支配から区別される何か特別なものが存在することを暗に示している。この特別な特徴とは何だろうか。それが次章の主題である。

3　デモクラシー

ここまでに我々は、少なくとも大規模な近代社会において、善き統治が政治的権威のシステムの確立と維持を必要とする、その理由をみてきた。我々はホッブズの思想によってなぜ政治的権威が必要なのかを理解してきたのだが、そのホッブズは、絶対的な主権者をつくりあげることが不可欠だと考えていた。絶対的な主権者とは、その命令がいかなる世俗的な制限(主権者は神への義務は負うものとホッブズは信じていた)も被らない、権威の分割されていない(統合された)源泉である。この主権を担う主体が一人の人間(つまり君主)であることは、不可欠のことではなかったが、ホッブズは君主政が望ましいと考えた。なぜなら、君主の意思は不断であるし、合議体の場合のように内的な分裂に陥ることがないと考えたからである。しかしながらこの点に関するホッブズの見解は、彼がこのことを書いたまさにそのときに、以下のような考えをもった人々の批判にさらされた。つまり、自然状態における安全性の欠如を、自らの臣民の生命と財産を思うままに自由にすることができる全能の君主の設置によって解決するというのは、単に悪しき状態をより悪しき状態にするだけのことなのだ、という考えである。ジョン・ロックがその有名な一節で述べているように、ホッブズは次のように想定していることになる。

人間は、スカンクやキツネからの危害を避けることには注意するが、ライオンに喰われることには満足するほど、否それを安全だと思うほど愚かな存在である。

こうした批判に対してホッブズができる唯一の弁護は、賢明な君主ならば、自らの権力が最終的にはその臣民の繁栄に依存しているのだから、自国の臣民の幸福を願うであろう、というものである。しかしながら、この考えに従って歴史の記録を振り返るならば、賢明な君主はほとんどいなかったことになる。政治的権威は、その下で人々が安全で幸福な生活を送ることができるような条件を提供してくれるがゆえに正当化されているのであり、政治的権威がそうしたものを提供するということに関して、我々はできるかぎりの確証をもちたいと望んでいる。絶対君主にすべてを委託する、というのは端的にいってあまりにもリスクが大きい。その代替案として我々は、賢明で有徳であり、民衆の利益を最優先させることがわかっている人々の手に権威を与えることを提案するかもしれない。これが貴族政を支持する議論である。この貴族政という言葉の文字通りの意味は「最善の人々による支配」というものであり、ほかならぬこの議論に、少なくとも一九世紀の半ばまでほとんどの政治哲学者が納得していたのだ。しかしながら問題となるのは、統治者としての善さとはいったい何を意味するのかを決めなければならないということであり、そのうえでこの特質を示す者を選択する何らかの方法をみつけなければならない、ということである。こうしたことが容易でないのはわかっている。貴族政が実際に意味しているのは、生まれのよい、裕福な、教養のある階級による支配ということであり、そうした特質は時と場所に依存しているのである。たとえ、こうした階級が生み出す人々には、他の階級の人々にはない政治の技能があると証明されたとしても、依然として問題が残る。つまり、こうした人々は大多数の民衆の利害とは切り離された独自の利害をもっているということである――共通善を犠牲にして、彼らが自分たちの利益を追求したりはしないなどと、どうして信じるのか。

このようにして、政治的権威を民主的に構築すべきだという主張にはずみがつく。そしてこの主張は次のような二つの基本的な前提のうえに立っている。第一に、何人も他者よりも自然的に上位にあるということはないので、人々のあいだにある権威関係はいかなるものであっても正当化を必要とする、という前提がある。換言すれば、不平等になることから全員が利益を得ていることが示されないかぎり、各人は平等な政治的権利を享受すべきなのだ。第二に、民衆を政治的権威の最終的な所在とすることが、民衆の利益を最大限に保障するものだ、という前提がある。つまり、特別な権力を信託された者は誰であれ、民衆全体に対して責任を負わなければならない。しかしながらこれだけでは、統治の中で民衆全体が果たすべき役割が、いったい何であるかが特定されていない。『社会契約論』においてルソーが主張したように、民衆全体が立法に直接従事すべきなのだろうか。もしそうであるなら、どのようにすべきなのか。あるいは、民衆全体は間歇《かんけつ》的にのみ統治に従事すべきであり、自らのために権威を振るう代表者を選択するだけでいいのだろうか。

実際には、よく知られているように、デモクラシーと呼ばれている政治体制は統治の中の非常に限定された役割のみを、その市民に与えている。市民は、周期的に選挙の際に投票する権利をもっており、何らかの重大な憲法上の問題が決定されなければならないとき、国民投票というかたちでときたま意見を聞かれることがあり、自分に関係する問題について自らの代表者に働きかける団体を形成することを許されているが、これが市民の権威の限界なのだ。民主的な社会の未来を決定する本当の権力は、きわめて少数の人々――閣僚や官僚、そしてある程度の範囲内に限られた、議会やその他立法機関のメンバー――の手中にあるのであり、なぜそうなっているのかを問うのは当然のことである。もしデモクラシーが政治的決定をする最善の方法であるのなら、なぜ民衆それ自身に主要な問題を直接決めさせることで、デモクラシーを現実のものにしないのであろうか。

この点に関してしばしば提示される答えの一つが、何百万もの普通の市民が今日の政府がなさねばならない莫大な数の決定に従事するなどというのは、端的にいって実行不可能だ、というものである。もしそんなことを試してみれば、統治が麻痺するだけではない。たいていの人がもっと重要だと考えている政治以外のことがらに、こうした普通の市民が従事する時間がまったくなくなってしまうだろう。しかしながら、この解答は不充分なものである。なぜなら、市民が一般的な政策決定をし、そのうえでその詳細の履行を大臣やその他の人々に任せるというやり方を予想するのは容易だからだ。電子技術の革命的進歩によって、戦争と平和、税金と公的支出、動物の福利や環境問題といった広範にわたる問題について、市民の考えを尋ねることがいまやきわめて容易となった。だとすれば、なぜこうしたことは、国民投票というめったにない機会にのみかぎられているのだろうか。

その理由として、普通の人々には政治的決定の背後にある問題を理解する能力が端的に欠けているのであり、したがってこうした問題を取り扱うのにより長けているとみなす人々に決定を任せることで彼らは満足しているのだ、とする広くゆきわたっている信念をあげることができる。このことをあけすけに述べた見解を、ジョセフ・シュンペーターの著作『資本主義、社会主義、民主主義』(一九四二年)にみいだすことができる。この著作において、問題を自分で直接決定するよう努めるのではなく、自分を代表してくれる指導者のチームを選択することが、市民の務めだと論じられたのである。シュンペーターの主張によると、たとえば経済上の取引においてなら人々は自らの決定の結果を直接経験する——もし駄目な製品を購買したら、自分の間違いにすぐ気づくことになる——のに対し、政治的決定の場合、そうしたフィード・バック機構がないので、結果として人々は現実との接触を失い、無責任に振る舞うことになる。

かくして、ごく普通の市民が政治の領域に踏み込むやいなや、その精神能力がさらに低い水準にまで落ち込んでしまうのである。彼自身の本当の利害が関係する領域において、自分でも幼稚だとすぐに認めるような仕方で議論し、分析することになる。彼は再び未開の人となるのだ。

これは強力な議論である。そして、この議論が本当に示唆していることは、我々が望むことのできる最善のものとは、「選挙による貴族政」としばしば呼ばれるものなのであり、そこで普通の市民に望めるのは、自分自身の代わりに決定を下してくれる能力をもつ人々を承認する(そしてその人たちに能力がないことがわかったら、投票によって職務を取り上げる)ことができるということのみなのだ、ということである。ほかにどんな長所があるとしても、こうした政治制度はデモクラシーの理想、つまり政治的権威は民衆全体の手中になければならないという理想と、ほとんど調和することがない。ではシュンペーターの懐疑主義に対し、我々は何をいうことができるのか。政治的決定へと至る過程に、いったい何が含まれているのかに関し、もっと詳しくみてみよう。

いくつかの選択肢が開かれており、しかもどの選択肢が最善であるかに関して合意が存在しないという状況下において、何をすべきかについての政治的な判断力というものを必要とするのが、政治的決定の本質である。こうした判断力には、いかなる要素が含まれているのか。まず第一に、いずれかの選択肢が選ばれた場合何が生じるのかということに関する、事実についての情報があげられる。たとえば、ある特定の税金の額を引き上げたなら、経済にどのような影響を及ぼすことになるか、というものである。第二に、その決定の影響を被ると予想される人々が、現実にどんな選好をもっているのかということに関する情報があげられる。新しいスポーツ施設の基金のために、税金の引き上げが考えられているとしよう。では、こうした施設を実際に望んでいる人の数はどれくらいなのだろうか。そしてそうした人々は、どのくらい強く望んでいるのだろうか。第三に、道徳原理という問題がある。スポーツ施設のためにすべての人が課税されるのは公平であろうか。それともそのコストは、施設を利用しようとしている人々によって担われるべきであろうか。

政治的判断を下す際、たいていの場合この三つの要素すべてがそこに含まれるのだが、その割合は場合によって異なる。問題が主として技術上のものであるとき、当該の事実的問題に一致があれば、決定はかなり簡単なものとなるであろう。たとえば、新薬を認可する前に我々は、それが適切に検査を受け安全であると証明されたことを知りたいと望むであろうが、いったんそれがされたなら、この認可を通すということはお決まりの仕事となる。道徳原理が中心となる場合もある。ある種の犯罪のために死刑を採用したり維持したりするべきか否か、という論争を考えてみよう。ここでも事実的情報は重要である——この種の犯罪に対して死刑が与える抑止力はどのくらい効果的であるとわかっているのか、どのくらいの率で冤罪がおこるのだろうか。だが、ほとんどの人にとって最も重要なのは、処罰というかたちで他の人間存在の命を奪うということが道徳的に許されるのかどうか、という問題なのである。

判断を下す際に最も難しいのは、三つの要素が同時に含まれる問題をめぐるものである。狐狩りを許可すべきなのか、もしくは禁止すべきなのか、ということをめぐって現在イギリスでなされている論争を考えてみよう。これには事実的問題が関連する。狐の総数のコントロールに、狐狩りはどれくらい貢献するのだろうか。完全な禁止をした場合、どんな影響を農村経済に与えるであろうか。選好の問題も関連する。たとえば猟犬とともに薬草狩りにいくのではなく、あえて狐狩りをし続けるということは、現在狐狩りをしている人々にとってどれくらい大事なことなのであろうか。農村に住む他の居住者たちは狩りの存続を望んでいるのだろうか、それとも馬や猟犬が自分たちの畑を荒らしたり、柵を壊したりすることにうんざりしているのであろうか。そして最後に、道徳的な問題がある。個人の自由に、狐狩りをする権利は含まれるのであろうか。あるいは狐や他の動物は、殺されない権利を含むような権利をもっているのであろうか。結論に達する際、ほとんどの人々はこうした問題をすべて考慮に入れたいと願うであろうが、これこそがこの問題に関して合理的な判断を形成するのが難しい理由なのである。もちろん実際には、こうした問題に関して人々は現に強固な意見をもっているのだが、おそらくこのことこそがまさしく、政治的問題について普通の市民がもっている能力の水準を低く見積もるシュンペーターの言説の正しさを証明しているのである。

しかしここで、普通の市民を代表するように選ばれた人々の方が、市民よりもっとうまく決定すると期待できるかどうかを、政治的判断に含まれる三要素をそれぞれとりあげながら検討してみよう。現代社会において政治的決定をする際につきまとう重大な困難の一つは、当該の問題に関する本当の専門家だけが提供できる事実情報を必要とする判断が多いことである。このことは科学的な事項が問題になっているとき明らかにそうなのだが、同様のことは経済的、社会的問題の多くにもあてはまる。というのもその場合、提案されている新たな法律や政策が、どんな結果を生む可能性があるのかを判定するのが問題だからだ。たとえば、大麻を合法化したらヘロインやその他の有害な薬物を使用する人の数は増えることになるのか、もしくは減ることになるのだろうか。こうした問いへの解答はまったく不明確なものである。そして選挙で選ばれた政治家や官僚であっても、一般にこの問いに答える点で我々以上の専門知識があるわけではない。我々と同様彼らも何らかの専門知識をもった人々の意見に頼らなければならないのであり、そうした意見のあいだに違いがあるとき、誰がより信頼が置けるのかについて彼らは判断を下さねばならない。ここまでの点に関して、一般公衆よりも選挙された貴族の方がよりよい判断を下すだろう、と考える理由はないのだ。

第二の要素は、人々の選好が何であり、その選好がどの程度強いのかを発見するということであるが、この点に関して、察せられるとおりデモクラシーには決定的な利点がある。というのも、決定が民主的になされるとき、すべての人が決定に貢献する機会をもつからであり、その場合、社会階級や、エスニック上の背景ならびに宗教的な背景などの点で、異なった観点から人々の考えや選好が聞き入れられるのである。とはいえ、現在我々〔英国〕を統治している政治的階級は圧倒的に白人、男性、中流層からなっている。もちろん、国会議員をはじめとする立法者たちは、自らの有権者の考えに耳を傾けるものだと想定されている。だが現実には、彼らは非常に高い程度の独立性をもっている——ある特定の仕方で議決するように圧力をかけられているとしても、その圧力は彼らを選んだ人々からでなく、彼らが属する政党からきている。したがって、決定に従うことになる人々の選好を政治的決定が尊重するようにしたいのなら、社会を代表していないごく少数の人々ではなく、民衆全体に我々は耳を傾けるべきではないだろうか。

しかしながらこの結論に飛びつく前に、考慮する必要のある複雑な問題がある。多数派がある政策を好んでいるのだが、これとは別の政策を選好する少数派がいて、多数派よりも自らの選好に対して強い関心をもっている、という問題があると想定してみよう。この種の事例はよくあるものであり、狐狩り論争がよい事例かもしれない。ほとんどの人は、動物の権利に関して強い道徳的な見解を抱いていなくとも、狐狩りについて否定的な考えをもっている。彼らは狐狩りを、旧態依然で身分を鼻にかけた、不快な思いを惹き起こす光景だと一般的にみなしている。機会があれば、彼らは禁止に投票するであろう。狐狩りをしている人々自体は少数派であるが、たいてい、狩りの続行を認められるべきだと大変強く感じている。多くの農村共同体においてそれは重要な社会的行事であり、人々の生活がそれにかかっている。狐狩りをめぐる政治的判断は、両陣営の選好の数量のみならず、そうした選好の強度も考えるべきである。いいかげんな気持ちの多数派がいかなる場合でも熱心な少数派を凌駕する、というのが正しいとは思えない。

いったいなぜ、このような事例に関して、選ばれた代表者の方が一般公衆よりもよい判断を下せる可能性があるというのだろうか。理由の一つとして、彼らの方が、問題となっていることについて強い感情を抱く少数派のメンバーによって働きかけられる可能性が高い、というものがある。少数派の側の議論にある感情の強さを理解するとき、代表者は説得されるかもしれないし、もしくは彼らは次の選挙で票を失わないことにだけ関心をもっているのかもしれない。さらには、少数派集団は互いの要求を支持するという合意によって力を合わせることができるし、その結果いくつかの問題をいっしょに提示することで、一つの多数派連合を組むことがありうる。代表制民主主義に関するこのような解釈は、しばしば多元主義と呼ばれる。そしてこの解釈は以下のような前提に基づいている。つまり、人々は自分が強く感じている利害や選好を擁護するために集団を形成するように促されるであろうし、こうした集団はロビー活動のほかにデモをしたり、時には非合法の形態の抵抗運動に従事したりすることもあるのだが、こうした活動に決定の当事者たちは反応するであろう、という前提である。

たしかにこの多元主義的解釈は一理あるのだが、政治学者にはこの説に懐疑的な傾向がある。というのも集団による圧力は、問題に関心のある人々の数や、そうした関心の強さだけではなく、その集団がどれだけうまく組織化され、資源をもっているかにも依存しているからである。このことによって、ある種の利害関係者がはじめから有利となる。最も顕著なのがビジネス上の利害をもつ人々であり、彼らは自分たちのために口ビー活動をする説得力のある代弁者を雇うことが(そして、ひょっとすると選挙された代表者に直接協力を求めることさえ)できるし、自分たちの要望が通らない場合があれば、恐ろしい結果になると代表者を脅すことさえもできるのである。したがって、代表制システムの下で少数派は、たしかに話を聞いてもらえるのだが、決してすべての少数派が同じ程度に聞いてもらえるわけではないのだ。

さてここで、もしも多数派と少数派が異なる選好をもつある問題について、公衆全員が投票しなければならないとしたら、どういうことになるか(代表制システムの場合と)比較してみよう。ロビー活動がそこに向けられるような中心地点は存在しないであろう。したがってどんな集団であっても、その構成員と、働きかけられるかぎり数多くの公衆とのあいだでなされる直接的な接触に頼らなければならない。豊富な資源をもつ集団は、それを使ってメディア・キャンペーンをすることができるだろう――とはいえ、今日の民主国家の多くにおいて選挙費用が制限されているのと同じ仕方で、こうした活動に制限を加えることができるであろう。このデモクラシーの直接版において、豊かな集団は代表制システムの場合と比べて影響力がより少なくなるであろう。したがって、この種のシステム下において少数派集団は、権力や影響力に頼ることがより少なくなり、説得に頼ることがより多くならざるをえない、と一般的にいえるのである。こうした集団がどれくらいうまくいくかは、多数派のメンバーがよろこんで彼らの関心事に耳を傾け、(おそらく何らかの妥協をみつけることで)自分自身の考えを変えるという仕方でそれに応えるかどうかに主としてかかっている。民主的な決定の際に議論が果たさなければならない決定的な役割については、この後すぐもう少し述べる予定である。しかしながらそれに取りかかる前に、政治的判断における第三の要素、つまり道徳的要素について考察する必要がある。

道徳の原理は、妊娠中絶や同性愛の合法化といった「道徳的な問題」と呼ばれるものだけでなく、ほとんどすべての政治的決定の中に含まれている。典型的な問題は、提起された法案がすべての個人やすべての集団を公平に処遇しているかどうか、もしくは、それがそうした人々の権利を侵害していないかどうか、といったものである。政治に携わる階層のメンバーはこの点に関する原理について、普通の市民よりもっと深い知識をもっているのだろうか。そうであると主張するのは難しい。しばしばいわれるように、道徳の専門家(権威)など存在しないのである。実際、民主的な社会の政治生活を統べるべき基本原理に関して、おそらく広範な同意が存在するであろう。したがって、もしも直接市民が問題を決定するよう求められたなら、彼らが現在自分たちの代表として選んだ人々に比べ、道徳の基本原理に則った決定をうまくやることができない、と考える理由はないのだ。

しかしながら、こうした政治的判断力の三つの要素を、本当に分離することができるのだろうか。あるいは、政治の専門的能力というのは、政治のディレンマに対する最善の解決法を見つけるために、事実に関する適切な情報と市民の利害と選好に関する知識、そして道徳原理を結合することができる、という能力にほかならないのではないか。たしかに、こうした疑問には一理がある。政治的決定は困難であることが多い。何らかの複雑な情報の把握や、均衡した二つの道徳的議論の比較考量が求められるかもしれない。こうしたことは、頻繁にそれをしなければならない人の方がうまく処理するものである。だが、それは何もそうした人々が我々にない生まれつきの特別な能力をもっているからではないのだ。問題を注意深く考察するのに必要な時間と情報を与えられても、公衆に属するごく普通の人々が同じくらいうまく処理することはない、と想定する理由などない。このことを証明する事実がある。市民審査制度(citizens' juries)というものがあるが、それは一般公衆から無作為抽出されたメンバーで、保健政策や交通計画のような問題について論じたり、勧告を出したりする、少人数の委員会のことである。審査員は、情報提供のために専門家の参考人を召喚したり、異なった立場にある代弁者の意見を聞いたりして、評決に至るまで問題を委員会内で審議する。この審査制度のオブザーバーがもった印象は、こうした議論が非常に真剣で思慮深いものであり、その結論が非常に理に適ったものだというものであった。

だとすると、民主社会に属する普通の市民に対するインタヴューや調査に表れる、その政治的知識や政治的関心の水準の低さは、どのように説明されるべきなのだろうか。指導的な政治家の名前もあげられない、主要な政党の政策がどのように異なっているかを説明できない、などということは典型的な事例である。説明の一つとして、現行のデモクラシーは政治の知識や技能を獲得しようとするインセンティヴを民衆にほとんど与えていない、というものがある。つまり、そこで求められているのは、せいぜい四、五年に一度、政党の選択をすることぐらいであり、こうした種類の決定をするために政治についてよく知る必要などない。政策の詳細についての理解は、あまり意味がないというのが普通である。したがって、我々は鶏と卵の問題に直面しているることになる。よき判断を下すための技能と情報を手に入れる前に一般公衆に重要な政策決定を任せることにはリスクがあるのだが、実際に重要な決定を任せられなければ、彼らはこうした技能や情報を獲得したいというインセンティヴをもてないのである。

選挙の際に投票し、選挙と選挙のあいだは何か特別な利害が生じたら行動する（たとえば、自分の家の裏に新しい道路ができるとか、住宅建設が始まるといった計画に対応する)ことに普通の市民の政治的な役割のほとんどが限られているうちは、我々のデモクラシーは不完全なままにとどまる、という事実について、憂慮すべきであろうか。わたしは憂慮すべきだと考えている。「愚者」を意味する英語の idiot は、ギリシア語の idiotes に由来するのだが、このギリシア語は、完全に私的な生活を送り、都市国家の公的生活にまったく参加しない人を表す言葉であった。すると、自らの政治的知性を発揮できないかぎりにおいて、現代人のほとんどが愚者であることになる。ルソーは、政治的権威を選挙された代表者にまったく委譲してしまうというのは近代の有害な慣行である、と考えて次のように述べた。

イングランドの人民は、自分たちが自由であると夢想するとき、自らを偽っている。国会議員の選挙期間のときだけというのなら、たしかに彼らは自由である。というのも、新たな議員が選ばれるやいなや、彼は再び鎖につながれ、無に等しいものとなるからだ。こうして、自由をほんのわずかのあいだに使い果たすことで、それを失うことになるのである。

ここでルソーが誇張をしていると思えたとしても、現在の民主政体ではほとんどの市民の無関心ぶりはひどすぎて、自ら選んだ指導者の活動に効果的な監視を続けることさえも怠っている、ということに注意すべきなのである。地方政治への参加や、市民審査制度やその他同様の機関に参与する公衆メンバーの無作為の選出といった、参加の様式を発展させることで、すべての人に能動的な市民《シチズンシップ》としての生き方の経験を与える必要が我々にはあるのだ。こうしたやり方で獲得された経験によって民衆の能力が一般的に向上し、政治的ことがらへの継続的な関心を彼らがもつ可能性が高まるのである。我々が発見したのは、デモクラシーが一か八かの問題ではなく、国家のことがらに対する最終的な権威を民衆全体に与えるための、絶え間ない努力を意味するということなのだ。

しかしながらここで、多数派と少数派に関する、いまだ解決されざる問題に立ち返らねばならない。というのも、要約されたかたちではあるが我々はデモクラシーを「民衆による統治」と考えているのに、実際に決定がなされねばならないとき、それを決めるのはたいていの場合多数派にほかならないからである(いや、それどころか、投票者の過半数以下の支持を得た政党が選挙に勝つことが多いのだ)。最善の政策が採用されることに関し、全員一致の合意がなされることはまずありえないので、決定を下す方法の一つとして多数決というのは避けがたいように思える。だが、票決で負けることになる人々について、我々は何を語るべきであろうか。

　一見したところ、こうした敗者に文句をいう筋合いはないかのように思える。なぜなら、結局のところ彼らの票も、多数派の票と同じものとして数えられていたのであり、彼らの票にそれ以上の重要性を与えるならば、デモクラシーそのものの背後にあると考えられている、政治的平等の観念に反することになるからだ。しかし、これで問題が終わるわけではない。多数派支配が政治的平等に背いている、と少数派の人々が感じる可能性のある状況が二つほど特定できる。第一のものはすでに検討してきた。つまり、多数派に投票する人々の方は決定の所産による影響をあまり受けなかったり、もしくは問題そのものにあまり関心をもっていなかったりするのに、少数派の人々はそうではない、という場合である。この場合、頭数は平等に数えられているかもしれないが、選好や利害はそうでないように思われる。第二の状況は、票決がなされるたびに、ある特定の集団が繰り返し少数派となることがわかっている場合である。あるラケット・クラブ（スポーツ施設）があり、そこでは熱心にテニスをやる人の数が多く、同じくらい熱心にスカッシュをやる人の数はより少ない、という場合を想定しよう。そして、クラブの資金を使ってテニスコートかスカッシュコートのいずれかを改良すべきかについて、投票がなされるとき、つねにスカッシュ側が負けている、としてみよう。このような取り決めは各メンバーを平等に遇しておらず、したがってスカッシュをやる人々の思い通りになることがときどきある場合と比べて、より民主的ではない、と我々は考えるであろう。以上の二つを言い換えるならば、熱心な少数派という問題と、永続的な少数派という問題があるのである。

デモクラシー体制の中でこうした問題に、どのようにとりくむことができるのだろうか。我々がとれる方法は、だいたい二つほどある。第一の方法は、少数派を保護するような仕方で多数派支配の範囲を限定づけるよう、憲法を工夫するというものである。たとえば、すべての市民に実質的な保障がされねばならない権利のリストを含んだ憲法、というものがあるかもしれない。このリストにある権利を侵害するような法律や政策が提案された場合、それは憲法違反として退けられるであろう——したがってそこには特別の権威的な機関、通常は何らかの憲法審査裁判所が存在しているはずであり、現在審議されていたり、暫定的に採用されている法案が憲法違反であるかどうかを決定できる権力を付与されているのである。この場合、多数派が何を決定したとしても、憲法に明記された自らの基本権が侵害されることはありえないという保障をすべての少数派がもつことになるのだ。

このような取り決めはしばしばデモクラシーに反するものだと批判される。なぜならそれは、たとえば少人数からなる判事の委員会に、市民の大多数が表明した意思を退ける権利を付与しているからだ。しかし、憲法そのものが民主的な手続きで採用されるというケースを想定するのは難しくないし、現実に存在する憲法のほとんどは修正規定をつくっていて、修正が通過するには単純過半数以上の支持投票が普通必要とされているのだ。ではいったいなぜ、将来自分たちが多数決を行使する権力を制限する、というような憲法に人々は投票するのだろうか。それがもっともな行為であるのは、人々は自らの権利が保障されることを望んでいるからであり、自分たちが将来人気のない少数派の側に置かれることはないという確証をもてないからである。信教の自由を例にしてみよう。宗教上の信仰をもつ人は誰でも、たとえ自分が信じる特定の宗教に対して、自らが属する社会の多数派が強く反発していても、自分の宗教を安心して実践できることを保障されたい、と望んでいるものである。将来、いったいどの宗教が多数派の激怒を招くことになるか予想するのは簡単ではない。したがって憲法の中に信教の自由を含ませることによって、信仰をもつ人はそうした保障を得ることができるのである。

少数派を守るために憲法を利用するもう一つの方法は、異なった問題群を決定するために分離された選挙区をつくるというものである。たとえば、これは連邦制というかたちで行われており、この制度下ではその住人にとって特別の関心がある問題について立法する権力が地域や州に付与されているのだが、それ以外の決定権は中央政府に留保されている。しかしながら、分離された選挙区というものが空間的区分に基づいている必要はない。スカッシュをやる人々が不公平な処遇を受けているラケット・クラブの事例に立ち返ってみよう。この問題に対するわかりやすい解決法は、二つの下位委員会をつくることであり、一方にテニスコートを、そしてもう一方にスカッシュコートを担当させ、それぞれにクラブの年間予算の一部を提供する、というものである。こうすることで少数派は、自分たちに最も関係する問題については多数派になるというかたちで擁護されることになる。

憲法を利用する何らかのこうした方法を使うと少数派問題がすべて解決できると考えるなら、素朴にすぎるであろう。そのことは、狐狩りの問題が明白にしている。憲法上の権利にただ訴えるという手段で、狐狩りを望む人々が自らを弁護することはできない。なぜなら、どんな憲法であれ、動物を狩る無制限の権利をその中に含むことなどあまりありそうにないからである。政府であっても侵害する権利をもたない個人の自由の領域をどのようにして確立したらよいのか、という問題を次章で詳しく検討する予定だが、そうした議論に狩りの権利が含まれないであろうことは、かなり容易に理解できる。狩猟行為の是非を多数決の問題とするのが適当であることはたしかである。なぜなら動物の福利も、絶滅危機にある種の保存も、両方ともにすべての人の関心となる可能性があるからだ。狐狩りというのは、それに従事している人々のみが決定権をもつべき問題なのだといって、こうした人々の強い願いを前面に押し出すこともできない。このような事例では、ラケット・クラブのときにはうまくいった分権的解決法も、あまりにも多くの対立する利害の存在が明白なので、うまく働いてくれないのである。

したがって、憲法上の制度というのは、少数派が多数派によって苦しめられないことを保障する重要な方法であるが、すべての市民の平等な処遇を目指す民主的な体制は、それ以上のことをしなければならないのである。そうした体制は、たとえ基本的な権利が問題になっていない場合でも、最終的な決定に至る前に少数派の関心を多数派が適切に考慮にいれることの保障に努めなければならない。こうしたことにとって肝腎なのが、公共の審議(public discussion)であり、そこでは多数派と少数派の両者が、互いの考え方に耳を傾け、できるかぎり両方が受け入れることのできる解決法をみつけるよう、努めるのである。換言すれば、多数派を形成する人々は、議論をする前の段階から自分が最も好んでいる解決法にただ単純に投票するだけではないのだ。彼らは、自分と反対側の人々の議論を聞いてから、判断を形成するように努めるのである。両者側が同意できる一般的原理がみつかって、それにより一歩先に進めることがあるかもしれない。

だが、いったいなぜ多数派はこのように振る舞うべきなのか。たいていの場合、このようにして解決法が決定されるとき、多数派の側にもともと望んでいたことの一部をあきらめる人々が含まれることになる。たとえば、狐狩りを完全に禁止したいと思って始めた人々が、議論に耳を傾けた後、適切に規制されるという条件で狩りの継続許可を認めることになるかもしれない。しかしながら、自分の側に充分な人数がいるのに、なぜこうした後退をするのだろうか。理由は二つある。第一の理由が、端的にいうところの、市民仲間への敬意、というものである。論争となっている特定の問題について、ほかの市民とまったく意見が合わないとしても、デモクラシーにおいては彼らの声も平等に重要であると想定されているのであり、自分が決定を下す前に彼らに耳を傾けなければならない――そしてできるなら、彼らの意見を考慮した解決法をみつけなければならないのである(調停の不可能な問題というのも存在するが、そうしたものはきわめてまれである。たとえば妊娠中絶のようなケースでも、完全な中絶禁止と、必要とあれば自由に中絶可能という二者選択以外にも、いくつかの可能性があるのだ）。もう一つの理由は次のようなものである。つまり、自分が次の機会に少数派の立場に置かれるかもしれないし、その際そのときの多数派に、自分の関心を考慮に入れてほしいと望むことになるだろう、という想定である。換言すれば、多数派が少数派のことを考慮の外におくことはなく、結論に至る前に少数派の利害も充分考慮するように努める、というデモクラシーの文化を育てることから、多数派の人も利益を得るのである。

結局、デモクラシーは骨の折れる事業であることがわかる。複雑で、自分の普段の生活とは直接関係ないと思えることが多い政治的な問題に民衆は興味をもたなければならないし、そうした問題の決定の際、民衆は自制すること（とりわけ、少数派集団を踏みつけてしまう権力があっても、そうしたことをしないこと）が要求される。我々が選んだ代表者に、政治の決定を任せてしまえば楽になる、という誘惑に勝つことは難しいかもしれない。しかしながらこうした誘惑に勝たなければ（つまり、政治的権威は最終的に市民全体に支えられているのだ、という考えに固執しなければ）、我々はロックが警告したように、自らを統治するライオンの食いものとされてしまうであろう。

以上のようにデモクラシーを論じてきたので、以下に続く章において我々が論じることになる、三つの問題が浮かび上がってきた。第一に、民主的な統治の介入からさえも保護されるべき個人の自由の領域があるのかどうか、という問題がある。第二のものとして、少数派集団に対して、彼らが公平に処遇されることを保障するために、すべての市民が享受すべき憲法上の権利に基づいて、もしくはそれを超えて、特別な権利が与えられるべきかどうか、という問題があげられる。第三の問題は、デモクラシーがそもそも可能となるための条件に関係する。特にそれは、民主的な憲法に敬意を払うのに充分なほど人々が互いに信頼し、相互を尊重するという雰囲気の中で問題を論じ合い決定するようになるのはどのような場合なのか、ということをめぐる問題なのである。次章では、第一の問題を扱うことになる。

4　自由と統治の限界

タイムマシンを使ってシエナの画家、アンブロージョ・ロレンツェッティを現代に連れてきたと想像してみよう。そして本書に含まれている政治哲学について、彼に意見を尋ねたとする。その場合、彼はここまでに述べられてきたことを自分にとって見慣れた、だいたいにおいて受け入れることのできるものとみなすに違いない。わたしはアナーキストの思想について必要以上に場所をさいている、とおそらく彼は考えるだろうし、狐狩りに道徳的理由から反対する人がいることを異常なことだと感じるだろう。だが、政治的権威の本性、統治者が市民の全体に対して責任をもつ必要性、善き政治的判断力に必要なものは何か、といったことに関して、我々のあいだには広範な意見の一致があるのをみいだすであろう(と願っている)。しかしながら、本章の議論に関しては、彼は非常に理解しがたいものだと思うだろう。本章は、政治の及ぶ範囲を超えたところに保持されなければならない人間の自由の領域というものが存在するのかどうか――統治の介入が無条件に禁止されている人間の生の領域があるのかどうか――という問いをめぐるものである。この考えは、我々の時代において支配的なイデオロギーとなったリベラリズムの核心的要素なのであるが、ロレンツェッティがその絵を描いていた時代にはまだ登場していなかった考えなのだ。もちろん、ロレンツェッティの描く善き統治も、その民衆にかなりの量の自由を許容している。農業、商業、狩猟などといったことをする自由を民衆は大いに享受している。しかしながらこの自由は原理の問題ではなかった。むしろ、こうした日常生活の領域に介入する政府の能力に限界があるという問題の方が大きかったのである。

制限された統治という考えは、数世紀にわたってかたちづくられてきたものであり、この考えが発展するうえでの最初のきっかけは、一六世紀ヨーロッパの宗教改革直後に起こった宗教紛争であった。キリスト教社会における宗教生活に対するローマカトリック教会の独占的支配が崩れたときに生まれた最初の反応は、カトリックであるかプロテスタントであるかに関係なく、自らが設立する宗教〔独自の国教会〕をそれぞれの政治共同体がもつべきだ、という考えだった。しかしながらプロテスタントのセクトが増殖すると、宗教的寛容への要求が登場してきた。何らかの制限内で、各人は神へと至る自分自身の道をみつける権利があるのであり、この探求は国家が介入すべきことではないのだ、とされたのである。時代がさらに進むと、信仰の自由への主張は、個人の自由を求める——つまり、その選択が他者に対する直接の侵害とならないかぎり、自分自身の信条と生き方を各人が自分で選択できる権利を求める——もっと広範な主張へと拡張していった。特に一八世紀後期と一九世紀初頭におけるロマン主義運動は、次のような考えをその後の世代に残した。つまり、各人は、いかに生きるべきかの選択を自分自身でするように認められることによってはじめて、その生の成就をみいだすことのできるユニークな個人なのであり、このことは(新しい職業、新しい芸術表現様式、個人的な関係をつくる新しいやり方、などといった)新しくて因習的でない生の様式を試すために必要な、できるかぎり大きな空間を要求するのだ、という考えである。ジョン・スチュアート・ミルは、その古典的なテクスト『自由論』(この著作が提起する実践的提案については、後に検討する)において、次のように述べている。

人間の生き方をすべて、一つのないしは少数のパターンに基づいてかたちづくるべきだとする理由などない。ある人が、それなりの量の常識と経験を身につけているのなら、自分の生き方を自分自身のやり方で設計するのが最善なのである。

それは、そのやり方それ自体が最善だからではなく、それがその人自身の様式であるから最善なのだ。人間存在は羊のようなものではない。そして羊だって、互いに区別ができないほど似ているわけでもないのだ。

このように個人の自由には大いなる価値があるのだから、政府が、たとえそれがどれほど善い政体であっても個人の自由に介入することは禁じられなければならない、とリベラルは論じていた。善い統治だけでは充分ではない。最善の仕方で構築され、最善の意図に促されている統治であっても、侵すべからざるものである個人の自由の領域を侵犯するという誘惑に駆られることがあるのだ。ロレンツェッティなら奇妙なものとみなすだろうが、こうした考えをわたしは本章で探求するつもりなのである。

我々が検討すべき、主要な問いが二つある。第一のものは、我々が論じている自由とは正確にいうといったい何なのか、という問いである。ある人が、あれやこれをする自由がある、もしくは、ある仕方ないしは他の仕方で生きる自由がある、というとき、それはいったい何を意味しているのであろうか。第二のものは、個人の自由の限界とは何であるのか、という問いである。わたしの自由が、そのほかの政治的目標(その中には他のすべての人の自由が含まれる)と対立するとき、いったいどうなればよいのだろうか。このことを決定するうえで、原理に基づく方法はあるのだろうか。

そこでまず自由という、多くの政治哲学書のページを占めてきた、とらえどころのない観念それ自体をとりあげることから始めたい。とりあえず、ある人の自由は、その人に開かれている選択肢の数と、その選択肢のあいだで選択をするその人の能力に依存している、としてみよう。一〇個の異なった仕事から選択できる人は、たった二個からしか選択できない人に比べて、より大きな自由をもっている。もちろん、選択肢の質も重要である。二つのよい仕事から選ぶ方が、一〇個の気のすすまない仕事、とりわけほとんど代わり映えのしない仕事(道路の清掃、オフィスの清掃、トイレの清掃など)の中から選ぶより、ずっと自由があると考えられるであろう。したがって「選択肢の数」というよりも、むしろ〈どれほど選択肢が異なっており、どれほど選択肢に価値があるのか〉ということを考慮に入れるという意味で、「選択肢の範囲」というべきなのかもしれない。第二の項目、「選択をする能力」をここで述べておく必要があるのは、選択肢を与えられても何らかの理由でその中から本当の選択を行うことができない、という人がいるかもしれないからである。たとえば、今晩上演される二つの演劇のいずれかを観にいくという選択を、誰かがあなたに提示したとしよう。そのとき、その人は演劇のタイトルだけを告げており、そのタイトルだけからではあなたは何もその内容がわからないとする。あなたは適当に選択することはできるが、〈どちらの演劇を最も観たいのかを決定する〉という意味での選択をすることはできない。あるいは次のような場合を考えてみよう。ある人が、その母親の完全ないいなりになっていて、母親の指示することをつねに行っている、とする。その人はいろんな職業を提示されているのだが、母親の勧めるものを変わることなく選択してしまう。ある観点からみればこの人には職業選択の自由はあるが、他の観点からみればそうではない。

　したがって自由には、外的な側面と内的な側面があるということができる。つまり自由は、ある人にとって、多くのドアが開かれているような仕方で世界が構成されているかどうかに依存しているのだが、その人がどのドアを通っていけるかを本当の意味で選択できるかどうかにも、自由は依存しているのだ。だがここで〈ドアが開かれているということ〉と、〈本当の意味で選択するということ〉が何を意味しているのかに関して、さらに深く考察する必要がある。

　ある人が何かを選択するうえで、選択肢があるといえるのは、どのようなときだろうか。この問題に直接とりかかる前に、どのようなときに選択肢がないのか、考察してみよう。最もはっきりとしたケースは、考察対象となっている人が、物理的な意味で選択行為をすることが不可能なケースである。縛りつけられている人や監禁されている人は、まったく自由がないに等しい。なぜなら、そのような状態でなかったならできることをほとんどすべて、この人は物理的に妨げられているからである。我々がすでに検討したホッブズを含めて、政治哲学者の中には、人々の自由を制限するのは物理的な障害のみである、と主張する者がいた。しかしながらほとんどの人にとって、これは非常に狭いものの見方であるように思える。いくつかの選択に対してさまざまな種類の制裁が科せられているとき、その点に関して選択肢は与えられてないと考えるのが一般的である。とりわけ法律は、その下にある人々の自由を制限している。なぜなら、法律違反者に対して刑罰が科されるからである。制限速度を超えた速さで車を運転することや隣家の窓を壊したりすることを、わたしは物理的に妨げられているわけではない。だが、こうしたことをするなら、捕らえられ、刑罰を受けることになるので、わたしにはこうしたことをする自由がないのである。同じことは、個人による私的な脅かしにもあてはまる。もしも誰かがわたしに対して、「もう一度彼女と話しているところをみつけたらお前を殴る」と脅かすならば、その場合(この脅かしが真剣なものだと想定するなら)その女性ともう一度話すという選択肢はわたしに開かれていないことになる。

物理的な障害と制裁は、自由を減じる障壁だと一般に認められている。選択を実行するにあたって人々がコストを理由に、しかも刑罰(およびその他の制裁)という形態をとらないコストを理由にその実行をやめるような場合、論争が激しくなる。この問題をありふれた仕方で表現するならこうなる。無一文の人には高額のレストラン(たとえばリッツ)で食事をする自由があるのだろうか。現実にその人がリッツで食事をすることができない(少なくとも、彼に金がないことがわかったときかなりひどい結果になることが避けられない)という意味で、「否」と答えるのか。それとも、金銭の欠如のみが彼にとっての障害なのであって、彼の食事を拒む意図はリッツのオーナーやその他の人にはまったくないのだという意味で、「然り」と答えるのか。ここには、単なる哲学的な問い以上のことが含まれている。なぜならこの問いにどのように答えるかで、統治と自由の関係について我々が考える仕方が変わるからである。政府が実行する政策の中には、ある種の人々から他の人々に――典型的には暮らしのよい人々から暮らしの悪い人々に――資源を移動させるというものがある。このような場合、資源を受け取る人々の自由は増加しているのか、資源を提供している人々の自由は減少しているのか、それとも両者とも自由を失っているのか、もしくは両者とも自由を得ているのか、ということを我々は知りたいのである。

そこで、コストを理由に、そうでなければ選択するであろうことを、人々がすることができないような事例をいくつか考察してみよう。いったんコストがあるレヴェルに到達すると、人々はもはや自由ではなくなるのだ、というべきなのか。これではあまりにも単純すぎる。まあまあの収入を得ているのだが、一万ポンドかかる休暇を過ごすことのできない人と、同様の収入を得ていて、(身体を損なうほどではないが)苦痛をともなう状態から逃れるために、個人で払うなら一万ポンドでようやく可能となる手術を必要としている人を、比べてみよう。二番目の人は必要な手術を受ける自由がないといいながら、その一方で一番目のケースをそれとは異なった言語で語る(たとえば、彼には休暇をとる自由はあるが、単にそれだけの金銭的余裕がないだけだ、というかもしれない)のが典型的であるのは、なぜだろうか。第二のケースには自由の言語が自然と使われるのに、第一のケースではそうでないのはなぜだろうか。金のかかる休暇というのは奢侈《しゃし》であり、その分配は経済市場に委ねるのが理に適っている。というのも、市場とは自分がどれほどの収入を得て、どれほどの支出をそこからするのかについて人々が選択をする場だからである。この人がより多くの時間に労働したり、転職したり、ほかの支出を削ったりして(こうした方法には議論の余地があるが)、現実に一万ポンド以上を得られるかどうかにかかわらず、彼にそのような休暇を与える義務を負う人など誰もいないということは確実にわかる。これとは対照的に国家には、公的な医療サービスを提供したり、すべての人が充分な保障を受けられるように健康保険市場を規制したりすることで、すべての人が適切な保健医療サービスにアクセスできることを確保する義務がある。したがって、自分に必要な手術のための一万ポンドを手に入れられずにいる人があれば、その責任は自らの義務を果たしていない国家にあることになる。選択を実行することに付随するコストが自由の制限となるかどうかは、そのコストがどれほど大きいかだけでなく、そのコストがどのような仕方で生じるかにも依存しており、そのコストの存在に責任を負うことのできる人がほかに誰かいるかどうかにも依存しているのだ。

したがって〈政府がより多くのことをすれば、人民の自由はそれだけますます減少する〉という、一般によく信じられている考えは間違っていることになる。政府が自由を制限することはよくあるし、それを正当になすこともあれば正当でない仕方ですることもある(たとえば、シートベルトに関する法律は自動車を利用する人々の自由を制限しているが、その法律が救う生命によってそのことは正当化されていることにほとんどの人が合意するであろう)。しかしながら、政府の働きかけのおかげで、それなしではコストを理由に不可能であった選択肢が人々に与えられる、という仕方で政府の活動が自由を増加するということもありうるのである。個々の特定の政策に注目し、それがある選択肢を開くことで他のもっと重要な選択肢を閉じてないかを調べる必要が、我々にはある。残念なことに、「自由な社会」をめぐる政治的レトリックの多くは、このレヴェルの詳細さにまでは至っていない。ある人がある特定の選択を実行するうえで自由であるかないかを語るとき、〈我々はそのことでいったい何を意味しているのか〉を厳密に問う者である政治哲学者の助けによって、統治と個人の自由の関係について、我々はより多くの情報に基づきつつもっと微妙な差異を考慮した判断を下すことができる。これは、現代の政治問題について哲学的に考えることの価値に関して、わたしが第一章で論じたことのよき具体例なのである。

　自由の内的な側面、つまりある人が自分に開かれた選択肢の中から本当の選択をする、という能力に関して、統治が直接的にできることは比較的少ない。この自由はしばしば「積極的自由」と呼ばれるが、それは〈外的な要因によって妨げられていない選択肢がある〉という意味の「消極的自由」と区別されたものである。「二つの自由概念」と名づけられた著名な講演の中で、政治哲学者のアイザイア・バーリンが行なっているように、この二種類の自由は互いに対照されてきた。「積極的自由」の危険性についてバーリンは強調したかったのだが、彼の信ずるところでは、国民にほとんど

「消極的自由」を与えなかったスターリン時代のソ連のような権威主義的もしくは全体主義体制を正当化するうえで、積極的自由を利用することが可能なのである。しかしながら、この両者を相補的なものとする方が建設的であるように思える。そしてすでにわたしは、選択肢の獲得可能性のほかに、本当の選択をするということにも我々が注意を向けるべき理由となる事例を、ここまでに示しておいた。だが、いつ選択が本物になるのかを、どうすれば知ることができるのだろうか。このことを決定するのはさらに難しいのだ。

今回も、問題に反対側から接近すると、つまりどのような場合に選択が明らかに本物でないのかを問うと、うまくいくかもしれない。かなりわかりやすい事例として、何らかの衝動や依存症に支配されている人々――たとえば、機会があるとついつい万引きをしてしまう窃盗癖のある人や、次の注射のためには何でもしてしまう麻薬依存症患者――のことを考えてみよう。こうした状態の中にいる人々は、決定をする際、自分の最も強い欲望に従って行為している。だが、後になって振り返ってみると、こうした欲望が自分の望むものではないことに気づくのである。ボタンを押すことで、衝動や依存症を取り除くことができるのなら、彼らはそうするであろう。シャツを盗むとか、ヘロイン注射をするといった決定は本当の選択ではない。なぜならそうした行為は、当人がむしろ望まない衝動によって駆り立てられているからである。

これとは別の事例として、ある人の選択が外部からの力によって決定されるときがある。たとえば、自分の母親のいいつけを必ず守る少女のようなケースである。こうした人は自分の決定に満足しているようにみえる(衝動や依存症の場合によくある内的な葛藤はそこにはない)が、この決定は本当にその人のものではないように我々には感じられる。本当の選択には、ある種の独立性が必要なのだ。つまり、自由な人格は「自分が本当に望んでいるもの、もしくは本当に信じているものは、何であるか」を自らに問わなければならないのであり、これに対する自分の手によらない解答は拒絶できなければならない。このような意味での自由に関していうならば、支配的な慣習や支配的な信仰への服従を要求する社会の圧力が非常に強烈で、それに対して抵抗できないとき、人々は自らの自由を失っているのである。宗教と政治イデオロギーの両者とも、こうした影響力をもっている。

本当の選択をするというこの内的な自由は、どのようにすれば促進できるのだろうか。幅広い選択肢を与えることによって、どんなものであれ、ある一組の信念やある一つの生の様式が正しいものに違いない、と簡単に思い込むことがないようにする、というのが一つの方法である(これとは反対に、自らのメンバーの選択を制御したいと望む宗教セクトや政治体制は、自らが賞賛する生の様式から逸脱したものをそのメンバーがみたり経験したりすることがないようにあらゆる努力をするのだ)。したがって、選択の自由を促進したいと願う政府は、(人々を新しい生の様式や新しい形態の文化などに接触させることによって)社会的な多様性を増進すればよいのである。そうした政策を実際に具現化したものとして、両親から受け継いだり、社会のネットワークから吸収したりした自分の信念や価値を、子供たちに批判的に考えるように奨励し、同時に公立学校の中に異なった共同体の子供たちを入学させることで他の信念や他の文化価値に接触させる、という教育システムの事例がある。しかしながら、外的な自由とは異なって、内的な自由は保障することができない。生まれつき独立心が強い人もいれば、従順に生まれついている人もいる。政治にできることといえばせいぜい、自分の生き方を選択したいと願う人々に、そうする上でより有利な条件を提供することぐらいである。

ここまでわたしは、自由が何であり、なぜ自由が現代社会において高く評価されているのかを説明しようと努めてきた。さてここで、自由の限界についての探求を始めたい。個人の自由がさまざまな仕方で制限されなければならない、というのは自明のことであろう。各人の自由は、すべての人に同じ程度の(外的な)自由を許容するよう制限されなければならない。だがそれを越えて、個々人がしてよいことに対して制限を課すことになるような、正統な社会的目標の追求も多くある。たとえば、自然環境を保護するために、ごみを捨てる、排気ガスで空気を汚す、野生生物の生息地を宅地にするなどといったことを禁止しなければならない。我々は自由を他の価値と比較考量するのであり、自由が道を譲らねばならないときもある。しかしながら、どこまでこの比較考量をすべきなのか。自由を制限すればその結果が非常によいものになると思われる場合であっても、いかなる介入も正当化されない個人の自由の領域が存在するのだろうか。

わたしはすでに『自由論』に触れてきたが、その著者ジョン・スチュアート・ミルは、そのような領域が実際に存在し、その中で自由は不可侵のものとなるべきだ、と信じていた。彼の論じるところでは、ある人の行為が、おそらくその本人以外の誰の利益も侵害しないという意味で「自己に関係するもの」であるとき、そうした行為は決して介入を受けるべきではないのだ。この原理は思想・表現の自由と、個人が望んだ仕方で生きる自由――どのような服装をするか、何を飲食するか、どんな文化の営みに従事するか、どんな性的関係をもつか、どの宗教に帰依するか、などの自由――を正当化するとミルは考えた(こうした考えは今日の我々にはお馴染みのものであるが、ミルがこれを書いたヴィクトリア朝中期では、急進的であると、否それどころかショックを与えるものであるとみなされていた）。しかしながら、ミルが引こうとした境界線を引くことは可能なのであろうか。行為をする本人以外の誰にも危害を与えないことが確実な行為など、本当に存在するのであろうか。

彼が自己に関するものだと分類する振る舞い（恥知らずの格好や逸脱した性行為、好戦的な無神論など）によって、人々が気分を害することがある、とミルは認めていた。しかしながら彼は、何かによって気分を害するのは、そのことによって危害を受けることと同じではない、と主張した。危害というのは、攻撃を受けたり脅かされたり、所有物を破壊されたり自らの経済状況を悪化させられたりするようなことがらなのであり、ミルの考えでは、客観的に認めることのできる何かなのである。これとは対照的に、気分を害するということは気分を害した人の個人的な信念や態度に依存する。同性愛やラップ・ミュージックによってあなたは気分を害することがあるかもしれないが、それはあなたの個人的な価値基準に照らしてこうした行為が間違っていたり、許容不可能であったりするからにほかならない。わたしの反応は、それとまったく異なるものとなるかもしれない。他の人々の振る舞いが気分を害するものだと思っている人が、その人たちを避けたり、あるいはその人たちにその振る舞い方を変えるよう説得を実際に試みたりすることはまったく適切なことだとミルは考えた。だが、その人が法律やほかの手段を使って問題となっている振る舞いを禁止することは許されるべきではない、としたのである。

しかしながら気分を害することと危害を受けることを、このように簡単に分けることができるのだろうか。ある女性が事務室や工場で働いている、と仮定しよう。そこで働いているのはほとんどが男性で、彼らは裸の女性が描かれた大きなポスターを職場に貼るといってきかないのだが、彼女はそれが気分を害するものだと思っている。結果として、彼女はそこで働くのが嫌になり、実際に退職することになるかもしれない。男性労働者たちの、明白に〈自己に関係する振る舞い〉によって彼女が危害を受けているのは明らかである。もう一つの事例として、「ヘイト・スピーチ」と呼ばれているものがある。つまり、それはエスニックもしくは宗教的マイノリティの人々に対して公然と向けられる悪意ある発言のことであり、その発言によってマイノリティの人々が学校や大学、職場から追いやられたり、そうでなくともそこにいることがとても居心地が悪くなる、ということがあるのだ。ここでもまた、直接的には単に気分を害する振る舞いにすぎないことが間接的に危害を与えているように思える。したがって我々には次のような選択がある。つまり、危害に関する我々の観念を拡張して以上の事例をもそこに含むようにし、その結果〈自己に関係する行為〉の領域を縮小させるか、あるいは直接的に危害を与える振る舞いにのみ介入することができるという最初の考え方に固執して、他の人がその表現形式をひどく気分を害するものだと思っている場合でも、人々は自由な自己表現を許されるべきだと述べるか、という選択である。

たったいま我々が考察した事例に関して、特に注目に値することが三つある。第一に注目すべきなのが、そうした振る舞いが気分を害するということは単なる個人的な偏見の問題ではない、ということである。ヌード・ポスターについて自分がどう考えようと、なぜそれを気分を害するものと思う女性が多いのか、その理由を我々は理解できるようにすべきなのだ。それは、たとえば、ライバルのサッカーチームを応援しているからといって、デヴィッド・ベッカムのポスターを自分の机に貼っている人に抗議することとはまったく異なるのだ。第二の点として、こうした気分を害する行為を避けるためには被害者の振る舞いが(たとえば退職や退学といった)大きな変化を被らざるをえない、ということがあげられる。これと対照的なのは、隣人の居間の壁に貼ってあるポスターがわたしの気分を害している、というケースである。この場合、わたしは彼の家に入らずにいればよい。あるいは、人種差別的な新聞に載っている意見が気分を害するものなのだが、その新聞をわたしは買う必要はない、というケースもこれとは対照的な例である。第三の注目点として、こうした気分を害する行為それ自体は、それが惹き起こす苦悩と比べたとき、あえて提示されるべき積極的な価値をほとんどもしくはまったくもっていない、ということがあげられる。働いているあいだ裸の女性をみつめることができなければならない、といったことや、黒人やムスリムに罵声を浴びせるべきだということは、どんな人であれ、その人にとっての善き生に関する考えの本質的な要素ではないのだ(こうしたことを、きわめて間違ったことだが、実行したいと欲する人がわずかながらもいることをわたしは否定しない。問題は、こうしたことが禁じられた場合、何が失われることになるのか、である)。表現の自由は重要だが、すべての表現に同じ価値があるのではない。自由な礼拝、政治論争への参加、芸術的な自己表現などを人々ができるようにすべきだというのは、大変重要なことである。だが、職場でポスターを貼ることや、あからさまに人種差別のスローガンを叫ぶことはまったく重要なことではないのだ。

したがって〈自己に関係する振る舞いには、決して介入を許してはならない〉というミルの単純な原理に替わるものとして、次のことが明らかとなった。つまり、我々にはもっと複雑な判断をする必要があるのであり、それは、さまざまに異なった種類の行動に存するその価値を、どのようなコストがその行動によって他者にもたらされるかもしれないのか、そしてそうしたコストを回避するのがどれ程難しいのか、といったことと比較考量することなのである。

さてここで、ミルの原理に付随する、これとは別の問題にとりかかることにしよう。つまり、その本人以外の誰にも直接は影響を与えないような形態の振る舞いであっても、その本人が社会に対して貢献できる可能性が減少するとか、他者が負担しなければならないコストをつくりだすといった理由で、他の人々に長期的な影響を与えるかもしれないという問題である。たとえば誰かがアルコール依存症になったとすれば、その人は安定した仕事につくことができなくなるであろう。タバコを多く吸う人は、たとえ自分の家でのみ喫煙しているとしても自分が癌や心臓病にかかる可能性を増しているのであり、その結果、公費でまかなわれる医療が必要になる可能性を増加させている。したがって問題なのは、こうした活動行為を純粋に自己に関係するものとみなし、個人の自由の名の下に保護する必要があるものとすべきかどうかである。

ミルはアルコール依存症の事例を考察していた。彼の主張では、飲酒が純粋に自己に関係するものにはならなくなるケースが二つある。つまり、ある人がアルコールの影響があると適切に遂行することができない仕事や義務に従事している場合や、飲むとその人が暴力を振るう可能性が高い場合である。しかしながら、ある人への飲酒の影響が、飲んでないときと比べて社会的な貢献が困難になるだけであるなら、社会には飲酒を禁止する権利はない。子供たちに自らの社会的な責任について教えたり、アルコールなどの危険性について警告したりすることはできる。だが成人にとって、自由を護るということには、その結果社会全体が迷惑を被る場合であっても、他のすべてに勝る重要性があるのである。

議論がここまでくると、我々はミルに従うことに躊躇するかもしれない。その理由の一つとして、彼の時代以降、国家はその市民に対してはるかに広範な責任を引き受けるようになってきており、したがってはるかにもっと明白な意味で〈自己に関係する行為〉が生みだすコストさえも国家が負担するようになった、という事実があげられる。ミルが『自由論』を書いたとき、公的な保健医療サービス、国立の教育システム、貧困者の収入を支援する国のシステム、公共住宅、といったようなものはなかった。かなりの程度まで、自らの健康を害したり、自分から仕事をできないような状態になった人は、自分自身でそのコストを負担しなければならなかったか、もしくは自らの地区にある慈善施設に援助を求めるしかなかったのだが、この慈善施設は、支援する人々にさまざまな条件を自分で課すことができたのである。問題なのは、ミルの原理が福祉国家を背景としてもまだ意味をもっているのかどうか、ということだ。その福祉国家は税金によって支えられており、すべての人に最低限度の水準の収入、教育、保健サービス、そして住宅を提供することに責任を負っているのである。このような文脈では、福祉サービスに貢献するという、そして福祉サービスに不必要に依存することがないようにするという社会的責任を人々に強制すべきではないだろうか。

これは今日の政治における最も論争的な問題の一つである。そして、我々が結局ミルに同意するようになると思う理由の一つとして、自由に関するミルの原理をいったん捨て去ってしまうと、強制の拡張を止めるべき明白な限界点がなくなってしまうように思える、ということがある。たとえば、健康によい食事をとるよう国家はその国民を強制すべきだろうか。規則的に運動するよう強制すべきか。危険なスポーツをすることを禁じるべきだろうか。こうした方策はどれも、公共的な保健サービスにかかるコストをかなり減少させることになるであろう。だが、それにもかかわらず、こうした方策は私的な生活に対し耐え難いほどの介入をしている、と我々は考えるであろう。その場合、我々は次のように結論するかもしれない。つまり、登山や、過酷なスポーツに従事するとき、その参加者に保険契約するように国家が要求するのは正当かもしれない。そして、喫煙や飲酒、太りやすい食事、休暇をほとんどテレビの前で寝転んですごすことなどに付随するリスクについて、成人を含むあらゆる人を教化する、ことに国家が重要な役割を果たしている。だが、それにもかかわらず国家がこうしたことを禁止するべきではないのだ、と。ミルが述べているように、「不都合に関していうなら、社会にはそれを耐えるだけの余裕があるのだが、それは人間の自由という、より大きな善のためになのである」。

国家に対して自由を擁護するミルの議論には、人々がそこでは好きなことをする完全な自由を享受できる私的な活動行為の領域を定める、ということが含まれていた。こうしたアプローチに付随する問題について我々はすでに検討しているし、保護された私的領域という考えに対するフェミニストの批判を第六章で検討するとき、さらに多くの問題に出会うことになるであろう。そこでわたしは、これとは違った仕方で、個人の自由の名の下に国家の行為を制限する方法について探求したい。つまり、政府が決して侵害してはならない、一群の人権をすべての人はもっている、という考えである。

一九四八年に国連が世界人権宣言を是認して以来、人権という思想は着実にその影響力を強めてきた。その世界人権宣言によれば、それに調印した国は自らの市民に対して、そこに示されているさまざまな人権を尊重しなければならない。しかしながらこうした考えそのものをもっとむかしにまで、つまり、リベラルな政治哲学のごく初期の段階において中心的な役割を果たした自然権の思想にまでたどることができる。たとえばジョン・ロックは、少なくともすべての男性は（ロックがわざと女性を排除したのかどうかに関しては論争の余地がある）生命、自由、財産に対する自然権をもっているのであり、政府が社会契約によって設立されたとき、政府は自らの政治的権威の条件として、こうした権利を保護することを約束したのだ、と主張した。世界人権宣言に書かれた人権のリストはこれよりも広範にわたっているし、直接自由を保護する権利（たとえば移動の自由や信教の自由、婚姻の自由などの権利）のほかに、そこには人々に物質的便益へのアクセスを提供するという効果をもった権利、たとえば労働する権利、適切な生活水準で暮らす権利、教育を受ける権利、などが含まれている。とはいえ、本章のはじめでなされた自由の分析に照らすならば、こうした権利も個人の自由を保護する方法だとみなすことができる。つまりこうした権利は、それなしでは物質的資源の欠如のせいで閉じられてしまうと思われる選択肢を保障するものなのだ、とみなすことができるのである。

　人権のパースペクティヴには、人間のなすある種の活動行為に対して、それに他者へ危害を加える可能性があるかどうかを問う、という考えは含まれない。むしろ、行為者それ自身に目を向け、そのうえで、それなしだとまとも《ディーセント》で人間らしい生活を送ることができなくなるような、ある種の条件が存在するのかどうかを問うのである。このパースペクティヴは、人間存在にとって最善となるような生き方とは何であるか、というような問いに対して、中立的であるように努めている。つまり、宗教上の信仰をもつ、政治活動家や芸術家、農夫もしくは主婦になる、ということがもっと価値のあることなのかどうか、といったことは語らないのだが、どれであれこうした生き方を送るには人権が擁護する諸条件が必要なのだ、と主張するのだ。こうした条件のうちのいくつかは、まったく議論の余地がないものである。すなわち、思想やコミュニケーション、移動の自由や、まずまずの食事や住居、他の人々と私的な関係や職業上の関係を結ぶ機会などがなければ、まともで人間らしい生活を送ることができない、といったことがある。しかしながら、最初の国連人権宣言をはじめとする人権に関する標準的なリストには、もっと議論の余地のある項目が含まれていることがわかる。その項目には、我々が帰属する社会において実現されることが(とりわけ我々がリベラルであるとき)望まれている権利が含まれるかもしれないが、そうしたものが本当にあらゆる形態の人間の生にとって不可欠なものであるのかどうかには疑いの余地があるのだ。

二つの例を考えてみよう。第一に、国連の人権宣言は、「思想、良心及び宗教」の自由という権利を自分の宗教を変更できる自由と、公的ならびに私的にどんな宗教を実践してもよい自由を含むものだとおおまかに解釈している。宗教的な信仰や実践は、人間の生活にあまねく認めることのできる特徴であるので、礼拝をしたり宗教の経典を読んだりするといった機会をすべての人がもつべきだ、ということに我々が同意するのも当然である。だが、すべての人がいかなる制限もなしに宗教を選ぶことができるとすべきなのであろうか。すべての人が改宗をせまる(自分と違った宗教を信奉している人を転向させるべく努力する)ことができるべきなのであろうか。国家はすべての宗教を同等に処遇しなければならないのか。あるいは、どれか一つを国教として優遇してもよいのだろうか。リベラルな社会では、ここで考察されている権利は強い意味で解釈されることが多く、たとえば、上記の質問にすべて肯定的に答えることを要求したりする。しかしながらリベラルな社会のほかには、これよりはるかに制限された権利しか認められていないところがあり、そのことをもってその社会での人々の生活が、よりまともではないと証明するのは困難なことであろう。

第二に、国連の人権宣言には政治参加に関する強い権利が含まれている。すべての人は自らの国家の統治に参加する権利を有しているとされ、この権利には、定期的な選挙、普通・平等選挙、秘密投票もしくはそれに相当するものへの権利が含まれるとされている。またもやこの権利はリベラルが賞賛するものであり、前章でみてきたように、権力を振るう者が民主的な仕方で国民全体に(説明)責任を負うように望む充分な理由が存在しているのである。しかしながら人権について語る場合、我々が問わなければならないのは、そのような権利が本当に、まともで人間らしい生活の不可欠な要素であるかどうか、という問題なのだ。何千年にもわたって人間社会は、こうした民主的権利なしで存在してきたし、そのような社会はすべて、我々の基準によれば不完全なものではあるが、このような社会は一様にそのメンバーに対しそれなりの生活を提供することを怠っていた、などと主張することは難しい。

言い換えるなら、我々は人権を(つまり通常それが理解されている意味での人権を)二つのカテゴリーに分ける必要があるのだ。権利に関するかなり短いリストがあり、たとえどんなに特殊な生き方を選択していようとも、人間存在にとってこれらの権利を所有することが不可欠のことなのだ、と我々はかなりの確証をもっていうことができる。このリストにある権利を剥奪されると、その生が束縛され、矮小化され、充分に人間的なものとはなりえなくなってしまう。すべての市民に享受する資格があると我々が信じ、秩序だった社会の基準を示すような権利に関する、もっと長いリストも存在する。だが、誰がこのリストを編纂しているかにしたがって、この長いリストにはさまざまに異なったバージョンがありうるのである。リベラルな社会が好むバージョンは、それとは異なった文化背景をもつ社会、たとえばイスラーム社会、もしくは儒教や仏教の伝統をもつ東南アジア社会が好むものと異なるであろう。したがって、短いリストにはなく、長いリストにのみ登場する権利は厳密にいうと人権と呼ばれるべきではない、と結論づけてもよいのだ。一七八九年にフランス革命の当事者が自分たちの原理を表明したとき、彼らはそれを「人および市民の権利宣言」と呼んでいた。ここからヒントを得て、長いリストに属する権利を、〈我々の、政治共同体内の個人にとっての基本的な保障として認められるべき権利〉という意味で、市民権(rights of citizenship)と呼んでおこう。そして他の共同体では、これとは異なる一群の権利(それは我々の権利と重なるところもあるが、同一のものではない)が支配的であってもかまわないのだ。

いかなる状況下であっても統治が侵害してはならない個人の自由の領域、という思想がリベラルな社会に深く根づいていることを指摘して、わたしは本章の議論を始めた。我々が本章の中でみいだしたのは、この思想が現実的には非常に問題を含むものである、ということである。自由とはいったい何を意味しているのかを問い始めるやいなや、統治の側の積極的な行為(つまり選択肢を開いておくための資源や、人々が情報に基づく自由な選択をできるための条件を提供するという行為)がなければ、多くの場合自由を享受することはできないことがわかった。その範囲内では本人以外の誰にもかかわることがない、という「自己に関係する」活動行為の領域を定義づける単純な方法がないこともわかった。そして最後に、政府が遵守すべき絶対的な規準を定める手段として人権を利用するとしても、そのリストを基本的で短いものにしておく場合にのみ、その効果があることもわかったのである。市民権に関するより長いリストが社会によって異なるのは正当なことであり、したがってこのリストをめぐって政治的に論争することは適切であることになる。ある時代に不可欠であるように思える権利が、後になって社会的に害を及ぼすものだとわかることもあるのだ(アメリカの建国の父たちは、祖国を護るためにいつでも民兵を召集できることを確保したいと願った。そのためアメリカ合衆国憲法の修正第二条はすべてのアメリカ市民に武装の権利を与えているのだが、この権利はいまや、拳銃の普及をコントロールする効果的な手段を導入しようとする立法者にとって、弊害となっているのである)。

すると、自由は大変重要な政治的価値であるのだが、政治的権威の行使に対して絶対的な制限を課すべきものとされるほど重要なわけではないのである。特にデモクラシーの下では、〈自由を促進するための資源の利用〉〈自由と社会的責任〉そして〈すべての市民が享受すべき権利〉をめぐる問題が公然と議論されるであろうし、こうした問題に答える際、多くの人は自由以外の原理――平等、公平、共通善、自然の尊重、文化の保護など――に訴えるであろう。こうした議論が進むにつれ、ある種の自由が取り上げられ、おそらく成文憲法の中に基本権として神聖化されるだろう。しかしながら、それは最終的な決着ではない。社会が変化し、新しい必要や新しい問題が生じてくるにつれ、自由の形態そのものも変わっていくのである。〔本書が出版された二〇〇三年の〕ほんの二〇年前、インターネット・アクセス、電子工学を駆使した監視、遺伝子情報の所有といったことが、やがて個人の自由をめぐる議論の中心を占めることになると誰が想像できたであろうか。これから二〇年後、どんな新しい問題がこれに取って代わることになるのか、いったい誰が予見できるのだろうか。

5 正義

ロレンツェッティの「善き統治と悪しき統治の寓意」は、《自由》を表す人物が座すべき場所を設けていない。その理由は前章でみたとおりである。だが、《正義》は一度のみならず二度現れている。彼女は有徳な人物の一人であり、善き統治者の傍に立っているのだが、また別の場所にも現れている。それはフレスコ画のまさに中心で、善き統治と悪しき統治をそれぞれ表象している二つの人物集団のあいだに独り座している威厳ある人物である。ロレンツェッティはなぜ《正義》を二度描いたのだろうか。わたしの意見では、彼が伝えようとしたのは、正義とは統治者が所有すべき単なる一つの徳以上のものであるという考えである。個人の集まりを一つの政治共同体へと変える制度にとって、それは何よりも根本的なものなのだ。このフレスコ画の中心人物は一対の秤を携えており、各々の秤からは一本の紐が《調和》を表す人物へと降りている。《調和》はそれらの紐を太い縄へと編み上げ、それを市民たちの長い列のあいだを通し、そして統治者の手に渡している。ロレンツェッティが示唆するところでは、正義とは市民を互いに結びつけ、そしてすべての市民を統治に結びつけるものである。彼はここで、正義を政治的権威の正当化の中核とみなす長い伝統に倣っている。およそ一千年前に聖アウグスティヌスが問うたように、「正義がなくなるとき、王国は大きな盗賊団以外の何であろうか」。

正義が善き統治にとって決定的に重要であると述べることは、正義が真に意味するものが何であるかを述べることとは非常に異なっているのであって、この後者こそが本章全体にわたって我々の関心を占める問いとなる。一つ確実なのは、その答えは単純ではないだろうということである。ロレンツェッティの描く人物がそのことを示している。正義の秤の片方は《分配的正義》を表象する天使を載せているが、彼女は悪人の首を剣で斬り落としていると同時に、賞賛すべき者の頭上に王冠を載せている。もう片方の秤は《交換的正義》を表象する天使を載せており、彼女は二人の交易商人のあいだの交換を指導しているのがわかる。おそらく金工師の槍と織工の布地一包みが、等しい価値を有すると保証しているのである。

したがって正義は、刑罰と応酬と何らかの関係があり、かつ平等とも何らかの関係がある。だがこれをどのように定義すべきだろうか。東ローマ皇帝ユスティニアヌスによって示されたいにしえの定義によれば、「正義は各人に各人の分をもたらす恒久的かつ永遠の意志である」となる。それ自体としては、この定義はあまり役に立たないかもしれないが、少なくとも我々を正しい方向に導いているのはたしかである。この定義は第一に、正義とは個々の人間が正しい仕方で遇されることに関する問題であることを強調している。つまり正義とは社会全体が繁栄しているか貧しいか、文化的に豊かなのか不毛なのか、などといった問題ではない。ただし、集団にとっての正義という観念が即座に放棄されてよいといっているのではない。それについては次章でより詳しくみていくことにしよう。そうではなく、正義の第一の関心事は個々人がどう遇されるのかということだ、といっているのである。第二に、この定義の「恒久的かつ永遠の意志」という部分は、人々が恣意的でない仕方で遇されねばならないということが、正義の中心的な側面であることを想起させる。つまり一人の人間を通時的に遇するうえで一貫性がなければならないし、人と人のあいだにおいてもまた一貫性があるべきなのである。したがって、もし友人とわたしが同じ資質をもっている、あるいは同じように振る舞ったのであれば、我々は状況に応じて同じ便益を、あるいは同じ刑罰を受け取るべきなのだ。

　正義が処遇の一貫性を要求するという事実は、正しく行為することがしばしばルールへの服従や法の適用に関する問題であることの理由を説明している。というのも、そうしたルールや法は、特定の状況において何がなされるべきかを定めることによって一貫性を保証してくれるからである。だが、一貫性だけでは正義にとって充分ではない。赤毛の人々はすべて死刑に処すべきだとか、「D」ではじまる名前をもつ者はすべて通常の二倍の報酬を受け取るべきだといったルールを想像してみれば、このことはすぐにわかる。こうした例が告げているのは、正義は有意性を要求するということである。もし人々が互いに異なった仕方で遇されるのであれば、それは問題となっている処遇にとって有意な根拠からなされるものでなければならない。このことはまた、差別するための有意な根拠が存在しない場合、正義が平等を要求することも示唆している。つまりすべての人が同じ仕方で遇されるべきだということである。実際問題として平等な処遇がどれほど要求されるのか、という問題が残されているものの、いまや我々は単純な一貫性原理の脇に置かれるべき正義の第二の要素を得た。人々を異なった仕方で遇する有意な理由が存在しなければ、人々が平等に遇されるべきことを正義は要求する。

ここに第三の重要な要素、比例という考えをつけ加えることができる。このことが告げるのは、人々が有意な理由によって異なった仕方で遇された場合、彼らが受ける処遇は、何であれ彼らが行ったことに、また何であれ彼らが有する特徴に比例すべきであり、それが不平等を正当化するということである。たとえば、もし誰かが職場で猛烈に働いたならば、それはその人により多くの報酬を与える有意な理由であると多くの人々は信じている。だがそれが正義に適うためには、それに加えて比例的でもなければならない。もしスミスがジョーンズの二倍生産的に働けば、彼はジョーンズの（一〇倍ではなく）二倍受け取るべきである。

ユスティニアヌスの定式から、我々は正義について結構な量の情報を搾り出してきた。だが、人々が正義の問題に帰しているものは何かをまだ厳密に語ることはできないし、もしあるとしたらいかなる根拠で人々に対する異なった処遇が正当化されるのかについてもまだ詳細に語ることはできない。そして事実、これらの問いに対する簡単な答えは存在しない。その理由は部分的には、具体的な条件において正義が何を要求するかについて人々が互いに一致しないことが多いからであり、また部分的には、誰が与える答えであれ、誰がその処遇をするのか、どのような処遇が問題になっているのか、それはどのような状況においてか、といった問いにかなり大きく左右されるからである。非常に高い程度において、正義の観念は文脈的である。これが意味するのは、我々はあるルールや決定が公平であるかどうかを決定する前に、そのルールや決定が適用される状況について充分に知らねばならないということである。これを例証してみよう。

　わたしが五人の人に分け与えるための一〇〇ポンドを受け取ったとしよう。五人はいまわたしの前に立ち、お金の分配について尋ねる。正義はわたしに何をせよというだろうか。これまでの議論によれば、それはわずかである。正義がわたしに告げるのは、彼らを一貫した仕方で遇すべきこと、もし彼らを異なったふうに遇するなら有意な理由がなければならないこと、そして割り当ては比例的であるべきこと、これだけである。ここで、いくつか異なった仕方でその文脈を埋め、それによってどのような割り当てが示唆されるのかをみてみよう。五人はわたしの雇い人であり、一〇〇ポンドは彼らが今週稼いだ分のボーナスかもしれない。この場合、わたしは我々の共同事業に対して各々がどれほど貢献したかを考え、それに比例して彼らに報酬を与えるべきである。あるいはわたしは、飢えた人々に食事を配給するため現金を与えられた国際救護員であるかもしれない。この場合、わたしは五人にとって有意な必要が何かを判断し、多くを必要としている人には余分に与えるべきである。あるいはまた、この一〇〇ポンドは懸賞エッセイのために提供された賞金かもしれない。この場合の正義の要求によれば、わたしは最もよい作品を応募した人物にすべてを与えるべきである。

さらにまた、この一〇〇ポンドはささやかな宝くじの当選金で、五人とわたしは宝くじ購入グループのメンバーであるかもしれない。この場合は明らかに、わたしは全額を自分たちのあいだで平等に分配すべきである。

　想像するに、異なった状況における金銭の分配についてわたしが提案した方法は、多かれ少なかれ自明のことだと多くの読者は考えるだろう。このことが示しているのは、正義に適う処遇は複雑な仕事ではあるが、実践においてそこに含まれている意味を我々は充分直観的に把握している、ということである。正義は杓子定規というよりもむしろ道具箱なのである。つまり、ある課題——なされるべき決定や適用すべきルール——に直面したとき、大部分のケースにおいて我々はどの道具を取り出して使うべきかを知っている。より難しいのは、この知識を一般原理の形式で表現する——つまり正義の理論をつくる——ことである。だが政治哲学者として、我々は理論を発展させる必要がある。なぜなら直観どうしが衝突し、おそらく互いが消耗し切ってしまうようなケースに、将来出会うことになるだろうからである。このことが特にあてはまるのは、社会正義——単なる個人と個人のあいだでの正義ではなく、社会全体を横断する正義——が何を意味するのかを、考えなくてはならない場合である。わたしはこの論争的な観念について、このあと本章で探究していくつもりである。だが、まず最初に探究されるべきものは、さきほどの単純なケースにさえ適用される一般的な正義の原理である。

最初に指摘しておくべきは、正義は人々が受け取る処遇のみならず、そうした結果に到達するために遵守される手続きにもかかわることが多いということである。刑事上の正義について考えてみればこのことがわかる。もちろん、罪を犯した人がその犯罪に比例して罰せられ、無実の人が釈放される――それが正しい結果の要求である――ことが問題とされる。だがそれに劣らず重要なのは、評決が定まるまでに適切な手続きが守られること――たとえば両者がそれぞれの言い分を陳述できることや、判事がどちらか一方を有利にしたくなるような既得権益をもっていないことなど――である。こうした手続きが重要なのは、部分的には、それが正しい評決に達するのを保障するからであるが、それ以上に重要なのが、法廷に立ち、言い分を陳述する機会を欲し、ほかの被告に適用されるのと同じルールが適用されるよう欲する人々が、そうした手続きによって相応に尊重されることになるという理由である。茶葉占いによってそれぞれの訴訟に評決を下すという、恣意的な判事がいると想像していただきたい。ある日たまたま彼の評決がすべて正しかったとしよう。このとき正義は行われただろうか。被告人はそうは考えないだろうし(そうした状況において、人々は訴訟の実際の帰結よりも、自分たちに適用される公平な手続きのほうにより重きをおくことが研究によって明らかにされている)、我々もそう考えるべきでない。

決定に至るために用いる手続きの問題が、正義のすべてであるようなケースもある——そこでは帰結に適用されるべき独立した基準は存在しない。たとえば危険をともなう嫌な仕事がなされる必要があり、誰もそれを行うべき特別な理由(たとえば特別な技能)をもっていない場合、我々はくじ引きをして担当を決めるかもしれない。これは公平な手続きである。なぜなら誰もが平等に選ばれる可能性に立たされるからである。あるいは、あるチームがキャプテンを決めなければならない場合、それを投票で決めるのもまた公平であるが、それは全員の選好が平等に考慮されるからである。時として、こうした手続きはもっと大きな争点を決するのに用いられることがある——たとえば、無作為抽出法は誰が軍隊に召集されるかを決めることや、公職に就く人間を選ぶことに使われてきた——が、一般的には正義を純粋に手続き的な用語で理解することには抵抗がある。我々はただ単に無作為な帰結ではなく、より実質的な意味で公平な帰結が導出される手続きを欲しているのだ。

それでは、帰結が公平である場合、決定に際してどのような原理が適用されているのだろうか。正義の中心概念についてこれまで述べてきたことに鑑みれば、候補の一つが平等なのは明らかである。つまり、何を割り当てるにしても全員が同じだけ取るべきだ、ということだ。これは先に宝くじの当選金の例で適用した原理である。そしてより一般的にいうと、分配されるべき何らかの便益が存在するか負担すべきコストがある場合で、それを受け取る人々のあいだに違いをみいだす有意な要素は何もないような場合に、この原理はあてはまる。こうした状況において平等が志向されるのには二つの理由がある。第一の理由は単純で、異なった処遇をする有意な理由がないときには、それ以外の仕方で便益とコストを割り当てると恣意的になってしまう、というものである。もう一つの理由は、便益とコストの両方を平等に分配した方が大体においで物事がうまくゆく傾向がある、というものである。最初の例に戻ると、一〇〇ポンドに対して権利を主張している五人についてわたしがまったく何も知らず、その一〇〇ポンド全額を無作為に選んだ一人にわたすか、あるいは五人に平等に分配するかを決めねばならないとしよう。手続き的にみればどちらも公平な決定の一つではあるが、第二の帰結の方がよい場合が多い。なぜなら、他の条件が同一ならば、受け取る人が誰であれ、最初の二〇ポンドを受け取る価値は、その後のポンドの追加額によって得られる価値よりも大きいからである。たとえば五人が飢えに苦しんでいることがわかったとしよう。そうすると、もし誰か一人が一〇〇ポンド全額を受け取れば、残りの四人は飢え死にしてしまう。もちろん逆のことがあてはまる状況もある――生存のために一〇〇ポンドが必要であれば、二〇ポンドでは意味がない。そのことがわかっているなら、わたしは無作為に誰かを選び出すべきである。なぜならそれによって各人は少なくとも五分の一の生存チャンスを与えられるからである。だが、このようなケースは例外的である。一般的には便益を平等に共有した方がよいし、それはコストについてもあてはまる――可能なかぎり広くコストを分散させることで、誰かが酷い苦しみを被ることが少なくなる。

したがって、正義に適った分配原理の一つは平等である。政治哲学者の中には、これが唯一の原理である、つまりあらゆる正義は一種の平等であると主張してきた者がいる。だがこの考えは、正義の定義自体に含まれている形式的な原理――人々のあいだに有意な差異がなければ、彼らを平等に遇するべきである――と、実質的な原理――全員が同じだけの便益またはコストを実際に受け取るべきである――を混同していると思われる。なぜならば、きわめて多くの場合、人々のあいだには有意な差異が現に存在するからである。このことは、たとえば刑罰の例をみれば非常によくわかる。有罪か無罪か、駐車違反者か連続殺人犯かに関係なくすべての人が同じ刑罰を受けるべきである、などと考える人はいない。同じことは便益が分配される場合にもあてはまるまる。

人々が異なった必要をもっているということが、彼らを同じ仕方で遇さないことのよい理由の一つになる。飢えたり病気になったりしている人々に対して、充分に栄養を摂った健康な人々よりも多くの物資を与えることに――少なくとも、彼らが無責任な振る舞いによって自ら欠乏状態を招いたのでないかぎりは――反対する人はいない。しかしながら、これが正義の要求だとする、すべての人による意見の一致があるわけではない。貧しい人々への援助は慈善《チャリティ》の問題だとする、旧くからの伝統が存在する。つまり、援助は人々に奨励されるべきものであるが、必ずしも要求されるものではない、というのがその意味である。ロレンツェッティがこの見解を採っていたのはほぼ確実であろう。彼が描く《正義》を表象する人物は、どちらも貧者に施しを与える性質を表現していない。この務めは、貧しい人々が現れたとき分け与える金貨を盛った皿をその膝の上に携えて座る、《大度》を表す人物にこそふさわしい。だが、以前は小さな共同体――宗教的共同体や職人のギルドなど――が有していたその責任を国家が引き受けるようになると、必要性は社会正義の理念において中心を占める一要素となった。食料や衣服、また充分な医療サービスを受けられることなどといった基本的な必要を満たすのに充分な収入を、それぞれの市民が得られるように保障することが、国家に期待されているのである。

だが純粋な必要を、人々が正義の名の下に行うであろう他の要求から区別することは可能だろうか。必要を一種のブラック・ホール――必要を満たすことを正義が要求しているというのならば、社会の資源はすべてその中に吸い込まれてしまう――だと考えている批判者がいる。だとすると、必要性があるとはどういうことなのだろうか。それは何か不可欠なものの欠如であり、その場合何が不可欠であるかは、我々が属する社会の標準によってその一部が決定されるのである。普遍的な必要というものが存在する。なぜなら、いついかなるときにも人間の生存にとって死活的な重要性をもつ身体的能力に関係する必要が存在するからである――栄養状態が充分であるためには、人は一日にかなりの量のカロリーを必要とするし、感染症にかからないためには清浄な水を得られる必要があるなど。だが、それ以外の必要はもっと多様である。なぜならその内容は、ある人が暮らす社会において期待されていることに依存するからだ。すべての人は充分な衣服を必要とするが、何をもって充分な衣服とみなすかは場所によってさまざまである。すべての人は動ける――あちこちに動く能力をもつ――必要があるが、移動の範囲やその形態もまちまちである。ここから必要とは、ある人がその所属する社会においてまっとう《ディーセント》な生活を送ろうとするならば満たされるべき一連の要求であることになる。ある程度まで必要は、社会に相対的であるが、それは批判者たちがいうように、単なる主観的なものではない。経済的に発展した社会では、すべての人の純粋な必要を満たすのはきわめて容易であって、そうしてもなお、そのほかの目的に捧げるための豊富な資源が残るだろう――実際のところ、それを行おうとする政治的な意志さえ存在すれば、必要(ローカルに定義された)を満たすのに充分な資源が、どこであれこうした社会には存在しているのである。

もし必要がまちまちであることが、平等な処遇をしないようにする方向へと導くとすれば、個々に差のある功績(desert)や真価(merit)が、我々をもう一つの方向へと導いてくれる。再び問われねばならないのは、何かに値するとは何を意味するのか、という問いである。〈何かに値する〉とは、あなたが行ったことに対する応答として、ある特定の様式の処遇を要求するような仕方で行為したことを意味する。ある人が好ましい処遇――見返り、収入、賞など――を受けるに値するのは、何らかのかたちで他者が賞賛できるとみなす仕方で行為したからである。たとえば、他者に利益をもたらすプロジェクトに時間と労力を費やしたなどである。ある人が好ましからざる処遇――非難や処罰――に値するのは、たとえば〈他者に危害を加えることに関与した〉といった、その人の行為が遺憾なものであった場合である。人が何かに値する根拠は場合によってまちまちであり、それゆえ誰かが何かに値するためになすべきことについて、これ以上個別的なことは何もいえない。だが、功績と責任との結びつきは強調しておく価値がある。誰かが〈何かに値する〉ということは、その人が責任を負う行為やパフォーマンスに基づかねばならない。それゆえ、たとえば危害を与えた振る舞いに対して、自分は責任がなかったと示すことで処罰を免れることができる——たとえば、その行為を強制された場合や、そのとき錯乱していた場合である。肯定的な場合についても同様にいえば、自分が意図しなかった行為や予期できなかった行為の結果によって信望を得ることはできない。もしわたしが見知らぬ人の命を救ったとしたら、わたしは何らかの見返り——少なくとも心からの感謝——を得るに値する。だがわたしが急いでいて乱暴に彼を道端に突き飛ばしたときに、たまたま暗殺者の銃弾がそれたという場合、わたしの行為は何らそうした見返りに値しないだろう。彼の命を救ったのはまったくわたしの意図ではなく、わたしはその行為に対する責任を主張できないのである。

功績は、大部分の人々が正義を理解するにあたって中心的な役割を果たしている。だが必要性の原理と同様、これもさまざまな方面から攻撃にさらされてきた。この原理を使うと、収入と富の点で大きな不平等があることが、あまりにも容易に正当化できてしまうという批判がしばしばなされている。そして、高い収入のある人々に次のような主張をする傾向が強いのもたしかなのである。つまり、社会に対する自分たちの貢献を考えれば、その行いにふさわしい見返り以上の所得を受け取っているわけではないのだ、と。だがおそらくここでは、功績という考えそのものよりも、貢献の度合いを測る正確な方法に問題点がある。より哲学的な反論によれば、功績に関する主張を正当化するのに必要なほど強い意味において、人々は自らの振る舞いに対して本当に責任を帰すことができない。人の行為の背後を検討すれば、そこにはその人自身を超えてさかのぼれる原因の連鎖がみいだされる。その人は一定の能力と性向――ある仕方でなく他の仕方で振る舞うように選択する性向を含む――をそなえて生まれたのであり、他の能力と性向もその家族から徐々に浸透したものである。だから、よい振る舞いに対する「信望」も、悪い振る舞いに対する「非難」もすべて、本当はその人の遺伝子や両親に対して向けられるべきである。功績に対するこのような反論は、個人の責任に関する根本的な問題を提起しており、ここではそれに取り組む余裕がない。だが、指摘しておく価値があるのは、この功績という考えを取り去るならば、きわめて劇的な変化が起こるということである。もし我々が他の人々に対する賞賛や非難、または報恩や処罰を完全にやめるとすれば、社会的な相互行為は非常に根本的な仕方で変化してしまう――実際のところ、他の人々を人間として遇することがまったくといっていいほどできなくなるだろう。ひとたびこのことに気づけば、本当の争点は、正義を理解する仕方の中で功績が何らかの役割を果たすべきかどうかではなく、功績がどのくらいの役割を果たすべきかであることがわかる。特に、収入や富といった物質的な資源の分配に対して、功績はどの程度まで影響を与えることが許されるべきだろうか。

　必要と功績によって、正義の要求に従って人々を異なった仕方で遇することが可能になる二つの基礎的な理由が与えられる。他の理由もまた存在するが、それらはこれらほど基礎的ではない。たとえば、人々は自らが処遇されるやり方に関して、必要とも功績とも関係なさそうな正当な期待を抱くことがよくあるが、正義は時にそうした期待に敬意を払うように要求する。約束と契約はこの明白な例である。最初の例に戻ると、いまわたしの前に立っている五人のうち一人に一〇〇ポンドを与える約束をしたのが事実だとしよう。この場合、わたしが彼に全額を与えるのには充分な理由があることになろう。さらに別の理由によっては、返還や賠償を含む特別な処遇が正当化されるかもしれない。もともと権原を有していた便益を不正に剥奪された人は、その便益を回復する権利がある。それができない場合は、ほかの何か同価値のものを与えることで賠償されるべきである。(わたしが以上の例を基礎的でないと考えるのは、こうした期待がすでに実質的な意味で正義に適った文脈において形成されていることを、前提としているからである)。もう一度いおう。我々がみてきたのは、正義に適う処遇は一つの複雑な問題であること、そして、何をもって彼ないし彼女の分を与えたと考えるかは、その大部分が文脈によって決定されることである。

これまでのところ、わたしは正義を一般的な用語で考察してきたが、正義を促進するうえで政府が果たす役割について特に触れてこなかった。本章の残りの部分でわたしは社会正義の理念——一連の社会・政治制度を然るべき仕方で配置すれば、社会全体を通じて便益とコストの正義に適った分配を保証できるとする理念——を探究したい。この理念が最初に登場したのは一九世紀後半のことであり、二〇世紀全体を通じてずっと政治的論争の中心にあった。社会正義という理念は国家が、かつてはたとえその成員が望んでいたとしてもできなかった程度をはるかに超えて、分配の問題に対して積極的に関与するよう要求する。それはまた論争的な理念でもある。正義の理念それ自体を攻撃してきたのは、ごく少数の極端な懐疑論者だけであったが、社会正義の方は主としてリバタリアン右派の批判者たちによって公然と責め立てられてきた。彼らは社会正義が個人の自由、とりわけ市場経済が要請する経済的自由をむしばむとみなしている。

社会正義に対する攻撃をもう少し詳しくみていこう。たとえばオーストリアの経済学者で哲学者のフリードリヒ・ハイエクのような批判者は、そもそも社会正義を語ることそのものにまつわる根本的な誤りがある、と主張していた。ハイエクによれば、正義とは基本的に個人の行為にそなわる属性である。ある行為が不正とされるのは、成員相互の協力を促進するために社会が定めた一般的なルールに違反しているときだとされる。したがって、たとえば盗みが不正であるのは、それが財産を保護するルールに違反するからである。だがもし、社会全体にわたって資源――金銭、財産、就労機会など――がどのように分配されているかをみたならば、我々はこの分配を正しいか不正かのどちらか一方として描き出すことはできない。というのも、それは単独の行為者ではなく何百万もの個々人が行為し決定した結果なのであり、そのうちの誰かが特定の分配結果を生み出すことを意図したわけではないからである。

現代世界ではあらゆる社会が複雑であることを前提とすれば、「社会的分配」を単一の分配実施者に帰することが不可能であると指摘した点で、ハイエクはたしかに正しい。だが彼が看過しているのは、我々を取り巻く通常の分配のパターンが、だいたいにおいて我々が意図的にまたは意図せずに創り出してきた制度――たとえば財産権と契約を支配する一般的なルール、課税のシステム、医療サービスや教育、住宅に対する公的支出の水準、雇用政策など――に実際依存しているという点である。これらの制度はすべて政治的決定によって変更できる。したがってそれらをあるがままに放置すれば、現在の資源分配を受け入れる決定を下したのと同じことになる。その上、我々は提案された制度上の変更が及ぼす効果を――ここでも詳細にではなくだいたいにおいてだが――理解できる。このかぎりにおいて、社会全体にわたる資源の分配――誰がどの便益を享受し、所得はどの程度広くいきわたるのか、など――は、デモクラシーの下では我々の集合的なコントロールを受ける対象である。したがって、社会的資源の公平な分配とはどのようなものか――社会正義が要求している行為は何なのか――を問うのは、完全に理に適っている。

だからといって、社会正義は我々が追求すべきものなのだ、ということになるわけではない。ハイエクの第二の主張は、資源の分配を我々が好む分配的正義の原理に無理やり合わせようと試みるなら、経済的自由は破壊され、それによって金の卵を産む鵞鳥《がちょう》は殺される〔目前の利益に目がくらんで将来の利益を犠牲にする〕であろう、というものであった。ここで、市場経済は生産と交換を組織する最も効率的な方法であり、それに対するいかなる代替案も経済的に発展した社会の生活水準に対する許容しがたい矮小化を伴うというハイエクの主張が正しいと仮定してみよう。問題は、社会正義の追求が市場経済に背を向けるものであるかどうか、もしくは、正しく形成され、他の諸制度がそれと協調的に機能しているというような市場経済がある場合であっても、社会正義の目標を市場経済によって追求することが可能なのかどうかである。

ここで社会正義の理念を解釈するさまざまな方法をみておく必要がある。最もラディカルなのはマルクス主義者および第二章で論じられた共同体主義的アナーキストの何人かが信奉する解釈で、それは社会正義を平等と必要性の原理に還元する。彼らの見解によれば、正義に適った社会とは、成員それぞれが彼または彼女の能力のかぎり貢献する一方で、資源は必要性に応じて分配され、その剰余はすべて平等に分かちあう社会である。そこには、人々にはインセンティヴが必要だとか、各人はその貢献に応じた物質的な見返りを受けるに値する、といった考えが存在する余地はない。こうした社会は存立しうるだろうか。小規模ならば間違いなく可能であろう。その成員たちが社会正義をこのラディカルな形式で実践する共同体があるという事例は豊富にある。こうした共同体の大部分は宗教的な基礎をもち、成員がいかなる個人的な見返りも期待することなく、各々共同体の共通善のために奉仕するというエトスを維持するために、宗教的な権威を頼りにしている。もっとも同様の目的を達成している世俗的な事例――イスラエルのキブツが最もよく知られている――も存在するが。こうした共同体は、少なくともその内部では市場を不要としている。それらはしばしば「道徳的インセンティヴ」と呼ばれるものに依拠している――人々がそれぞれ貢献をするのは、端的に自分がそれをなすべきと信じているか、あるいは自分に注がれる隣人の視線を感じているからである。

問題は、大規模な社会においてこうした形式の社会正義が実践できるかどうかである。そこにおける人々の振る舞いは、小規模な共同体では生じうるインフォーマルな協調に至ることはないように思える。その経済は、他者が消費を欲する資源の生産へのインセンティヴを人々に与えるような市場を基盤とするものか、あるいは、何を生産するか計画し個々人をその計画に従って指揮する中央の権威を有する国家が主導するものかの、いずれかであるに違いない。理論上は、物質的なインセンティヴに依拠しない市場と中央計画経済の両方を想像できるが、現実には実現不可能であることが明らかにされている(二〇世紀中葉に共産主義体制下の中国やキューバにおいて、物質的なインセンティヴを道徳的なインセンティヴに置き換える試みがなされたが、いずれの実験も成功しなかった)。このラディカルな形式において社会正義を追求するには、市場に依拠せず、それとは極端に異なる共同体主義的な基礎に則って社会を再構築する必要があると思わずにいられない。

しかしながら、これほどラディカルではない社会正義の見解で、民主的な社会主義者の多くによっても、そして現代リベラルの多くによっても信奉されてきた見解が存在する。この見解によれば、社会正義はある種の社会的便益——特に、選挙権や言論の自由といったシチズンシップに対する平等な権利——の平等な分配を要求する。それはある種の便益を必要性の原理に従って分配することを要求する。したがって、すべての人は充分な収入を得、住居をもち、医療サービスを受けることなどが保障される。しかしこの見解では、その他の資源の不平等な分配が許容されているのだが、それには人々がより多くの分け前を獲得せんとする平等な機会が存在するかぎりにおいてという限定がついている。そうした不平等はおそらく功績という考えを根拠として正当化されるか、もしくは、その不平等によって物質的なインセンティヴが与えられることで人々が勤勉に働くようになり、ほかの人々が欲する諸々の財やサービスが生産されることで、社会の誰もが利益を受ける、という理由から正当化されるだろう。

おそらくこの種の社会正義に関する最も影響力ある解釈は、ジョン・ロールズによって展開されたものであろう。彼は『正義論』の中で、正義に適う社会が満たさねばならない三つの条件を論じている。第一に、正義に適った社会は、ほかのすべての成員の同様な自由と両立するかぎり最大限に広範な一組の基本的な諸々の自由(投票の権利といった政治的自由の数々を含む)を成員に与えねばならない。第二に、より大きな利益をもたらす社会的地位——たとえば高収入の仕事——は、機会の平等に基づくことですべての人に開かれていなければならない。第三に、所得と富の不平等が正当化されるのは、それらが社会の中で最も恵まれない成員の利益となるように作用することを示せる場合、言い換えれば、それらが社会全体の生産性を上昇させるインセンティヴを提供し、ピラミッドの底辺にいる人々にもっと多くの資源が流れ込む可能性がある場合である。

ロールズによる社会正義の理論は市場経済が存在する余地をはっきりと残している。彼の三番目の原理は次のような可能性を許容するように定式化された。すなわち、人々が勤勉に働き、その才能を最も効果的な仕方で用いるよう充分に動機づけられるようにしたければ、その人が市場で財とサービスを生産して得た利得の少なくとも一部を自分のものにできる必要があるかもしれない、という可能性である。これにより、社会正義と市場の自由は衝突し合う目標だというハイエクの主張は掘り崩される。他方で、ロールズ的原理によって統べられる市場経済は、今日におけるたいていのリベラル・デモクラシー体制に存在する経済システムとは非常に異なったものにみえるであろう。

まず第一に、機会の平等に対するロールズの考えは非常にラディカルである。利益をもたらす地位は、そこに就くのにより適した資質を――その選別の時点で――示せる人々に与えられるべきである、というのでは充分ではない。候補者たちがその資質を獲得する平等な機会をもつこともまた要求されざるをえない。それが意味するのは、同等の才能と同等のやる気をそなえた人々が、その誕生の瞬間以後ずっと、学校やその他の場において平等なチャンスを与えられるべきだということである。この条件は、現実の社会において実現されているものから明らかに隔たっている。その上、通常「格差原理」と呼ばれるロールズの三番目の原理は、最も恵まれない人の利益が示されうる場合にのみ不平等を許容している。これをもし現実化するならば、富者から貧者へと利益が継続的に再分配されるようにするために政府は、恵まれた人々の生産性が低下して税収が減少しはじめる限界の水準にまで税率を高めるべきだということになる。たしかに、大部分の民主国家は何らかの意味で再分配的な税制を有してはいるが、この要求からは程遠いところにある。税金は、充分な水準の福祉サービスが全市民に提供される仕方で定められるが、どの政府も、かつて労働党政権下で財務大臣を務めたデニス・ヒーリィーが提案したといわれているごとく、「金持ちが音を上げるまで締めつけ」ようとはしない。

わたし自身の見解は次のようなものになる。社会正義の理論はロールズによる最初の二つの原理——自由の平等と機会の平等——を保持すべきであるが、格差原理をそれとは異なる二つの原理と取り替えるべきである。第一の原理は、ソーシャル・ミニマム保障の原理である。それは、市民全員に対してまっとうな生活を提供するために満たさねばならない一連の必要という観点から理解される。先に指摘したように、このミニマムは固定したものではなく、社会ごと、時代ごとに変化する。第二に、功績の原理である。所得と富の不平等は、相異なる人々がなした相対的な貢献度に比例すべきであり、その度合いは、他の人々が必要としまた欲する財とサービスの生産に、各人がどの程度成功したかによって測られる。ロールズの理論と同様、こうした原理もまた市場経済の排除を含まない。しかしながらこうした原理の要求によって、国家は広範な福祉システムを維持することになるのであり、人々のなした経済的な貢献と、そうした人々が所得を通じて得られる収入とのあいだにできるだけ緊密な結びつきが生じる仕方で市場が機能するように、国家は法的な枠組の補正をすることになるのである。これは資本主義経済が現に機能している仕方に対して何らかの大きな変化を要求するだろう。というのも、財産所有と相続に関する現行のルールの下で、人々は幸運、相続した富、あるいは企業の役職など——つまり社会に対する各人の貢献とは無関係な要素——がもたらす莫大な見返りを受け取ることが許されているからである。実際のところ、社会正義を追求すれば、我々はある種の市場社会主義の方向へと導かれるかもしれない。そこでは経済的な組織は、実際の生産者たちが利潤をシェアできるようにするために、外部の株主ではなくそこで働く人々によって所有され管理されることになる。この社会はマルクスやその他のラディカルな社会主義者たちが信奉したような共産主義ユートピアではない。なぜなら、この社会は他人より勤勉に働いている、より才能のある個人が自分の働きのもたらす果実を享受することを許すからである。だがこれらは、少なくともリベラル・デモクラシーに関するかぎり、今日の政治的なアジェンダからは遠く離れたところにある。

デモクラシーと同様に、社会正義もまた未完のプロジェクトである。政治哲学者の仕事とは、空中楼閣のごとき現実味のない理想を築き上げたり、時の政治的現実に過度に適応的になったりすることなく、正義に適った社会がどのようなものと考えられるのかを、その概略において伝えることである。多くの人々は現在、グローバルな発展によってすべての国家が市場経済を正義が要求するように規制する力を弱めているがゆえに、社会正義の探究は行き詰まっていると信じている。本書の最終章ではこの問いに立ち戻ることにする。だがわたしは、正義の伝統的な理解に対するもう一つの異なった挑戦にまず目を向けたい。それはフェミニズムと多文化主義によって提起された挑戦である。

6 フェミニズムと多文化主義

今日の西洋デモクラシー体制では、女性が置かれている立場と、マイノリティ文化集団が置かれている立場をめぐる論争に、きわめて多くの政治的な関心が集まっている。フェミニストと多文化主義者は、自分たちに関連する問題(個人のアイデンティティの本性、公と私のあいだに境界線を引くことが可能かどうか、文化的な差異の尊重、などをめぐる問題)が、わたしが前章までに検討してきた問題、つまり権威、デモクラシー、自由、正義に関する問題に取って代わったのだ、としばしば主張している。実際、ほかならぬ政治そのものの本性が変化してしまった。つまり、いまや政治は、統治機構の中で起こっていることよりも、日常の相互行為の中にある個人(男性と女性、白人と黒人、キリスト者とムスリム)のあいだで起こっていることに、ますますかかわるようになったのである。したがって政治哲学は、まったく新しい力点の下で書き直される必要がある、というのだ。

以上のような主張は誇張である、とわたしは思っている。そして本章で、その理由を説明することになるだろう。たしかに、フェミニストや多文化主義者が提起している問題は非常に重要なものであり、政治に関する我々の思考様式を変えてしかるべきものである。しかしながら、かつてと同様に現在でも危急の問題である旧くからの問いに、取って代わるべきものではない。むしろこうした問題は、旧くからある問いに新しい次元を与えるものなのだ。ここでのわたしの目論見は、政治的権威、デモクラシー、自由とその限界、そして正義に関する思考を、フェミニストや多文化主義者の影響によって我々はどの程度まで変化させるべきなのか、を探ることなのである。

こうした視点を維持する方法の一つとして、フェミニズムや多文化主義が政治論争の中心に移行してきたその環境について問う、というものがあげられる。あるいは、逆方向から問う、つまり何世紀にもわたって、男性と女性の関係とマイノリティ文化集団の立場が政治思想の著作の中で、ごく普通に無視されてきたのはなぜなのかを問う、という方法もある。この無視に関して、ある種の途方もなく巨大な見落としであるとみなしたり、あるいは社会の中の支配的な集団が意図的に議論の候補からはずした所産であると主張したりする者がいるとしても、それは当然の反応であろう。フェミニズムを例にとると、男性に対する女性の従属を自然な事実だと考えたり、政治生活において女性が積極的な役割を演じていないことなどを当然のものだとしたりする男性の手によって、政治思想が過去に書かれていたのはたしかである(ときおりの例外——ジョン・スチュアート・ミルがその一人である——はいたが、それはごく少数のまれなケースであった)。だが、彼らがそれを当然視した理由は、主として反対論の立場から議論する者が誰もいなかったからである。我々は過去を振り返っているのだから、彼らを同族偏愛思想《ショービニズム》のゆえに非難することはできる——そしてこの見方で多くの本が書かれてきた——のだが、むしろ、フェミニストや多文化主義者の議論をこれほど真剣に取り上げるようになった我々の社会がどのような社会であるかを問う方が、より有益であると同時に、ある意味でより正直なやり方なのだ。我々の祖先が悪名高い仕方で理解しそこなっていたこと(たとえば、男性と同じだけの出世の機会を女性に与えるべきではないとする理由など、まったくないということ)を、どうやって我々は理解できているのであろうか。

これに対する答えは、我々が住んでいる社会は自由と平等に対するコミットメントに基礎づけられているのだが、これまでのところ女性の場合とマイノリティ文化をもつ人々の場合には、このコミットメントを実践しそこなっているのだ、というものだと思われる。各人が(第四章で我々が探究した)ある種の制限内で、自分の選択した仕方で生きることができるべきだというのは、我々が最も強く抱いている信念の一つである。各人は平等の権利を与えられるか、もしくは平等の機会を与えられるかのいずれかの仕方で平等なものとして処遇されるべき資格をもつ、というのも我々が心の底から抱いている信念の一つだ。こうした信念を前提にするとき、もしも社会の中の一部が、現行の社会・政治制度のせいで、ごく限られた個人的自由しか享受していなかったり、平等な処遇を受けていなかったりすれば、それは重大な政治的問題となる。したがって、たとえば、仕事と家庭生活を調和させるような選択肢が男性にはあるのに女性にはないとき、もしくは労働市場においてエスニック・マイノリティのメンバーに他の人々と比べてより少ない機会しか与えられていないとき、こうした人々はその社会の完全に自由で平等なメンバーとして処遇されていない、ということになる。以上のような議論は(特にフェミニストの議論は)、すでに特権化された人々のためになされているのではないか、という不平がしばしば聞こえるが、それはもっともなことかもしれない。金融のトップ企業に雇われていて、自分の自社株購入選択権《シェアオプション》が男性の同僚のそれと比べて何百万ポンド分も価値が少ない、という理由で訴訟を起こした女性がいた、という話があるが、どのような基準に照らしてみても、彼女はすでに非常によい境遇にあると思われる。こうした反応はある意味では正当だが、別の意味では正しくない。つまりこうした見方は、平等な処遇にコミットしている社会において差別されてきた、という経験を無視しているのであり、そうした経験には、快適な生活は送っているのだが一個の人格としての価値を認められていない、という経験も含まれるのである。

女性が自由と平等をただ単に名目だけ、もしくはその部分だけ享受するのではなく、完全に享受することとなるように社会を変革する方法を求めてフェミニストは議論を展開する。多文化主義者は、支配的なマジョリティによってそのメンバーが差別されていたり、その文化の価値が認められていなかったりするようなエスニック集団や宗教集団、もしくはその他の集団のために同様の主張を提示している。それぞれの立場は異なった仕方で表されているのだが、こうしたものを機械的にすべて取り上げることはせず、むしろここでは、いままでの章で提示されてきた考えに対しフェミニズムと多文化主義が投げかけている一般的な挑戦を探究することにしたい。

政治権力と政治的権威の問題から話を始めたい。第二章において、わたしはこの問題を国家の権威に関する問題として扱った——換言すれば、少なくとも近代社会で政治的権威がとるべき形態について問うとき、国家はいかなる仕方で構成されるべきかを我々は問うているのだ、とわたしは想定していた。しかしながら、こうした政治理解のあり方は多くのフェミニストから挑戦を受けてきている。その議論によれば、人々が他者との政治的な関係に従事する場としての公的領域と、非政治的な関係性の場としての私的領域のあいだに線を引くということは、不可能とはいわないまでも疑問の余地がある行為なのである。言い換えるなら、フェミニストは政治をもっと浸透性のある現象、つまり我々の生活のあらゆる側面に干渉している現象だとみなしているのだ。この挑戦は「個人的なことは政治的である」というスローガンに要約されている。すると、我々が政治的権威について語ろうとするなら、国家がその国民に対して振るう権威についてだけでなく、男性が女性に対して振るう権威についても語らなければならない、ということになる。

この挑戦を辛辣なものとしているのが、過去においてのみならず現代でもある程度、男性が女性に権力を行使している、という疑う余地のない事実である。こうした権力行使を、あるときには女性を経済上依存的な存在——生き残るためには一家の稼ぎ主である男性に依存せざるをえない存在——にしておくことで、またあるときには女性自身がしだいに受け入れてしまうような、生活における女性の適切な役割に関する考えを広めることで、そしてまたあるときには剝き出しの身体的暴力——男性の命令に従わない者への暴力の恐怖——によって、男性は遂行してきた。これらは異なった性のあいだにある関係をめぐる一般的な主張である。そして個々の男性がすべて、女性を押さえつけるために以上三つの手段をすべて使用してきたなどと示唆されているわけではない——一つには、しばしば女性は対抗して戦う術をみつけていたことがあげられよう。だが、それでもなおフェミニストは、政治哲学において通常可視化されることのなかった種類の権力に訴える。ホッブズのような政治哲学者が権力闘争とその制御法について書くとき、彼らは男性と男性のあいだの関係について考えている。それはあたかも、異なった性のあいだの関係をめぐる問題はすでに解決済みであるかのようにみえる。

しかしながら、だからといって必然的に、こうした関係を我々はいまから政治的だと考え始めるべきなのだ、ということにはならない。政治は権力に関する——つまり、誰が権力をもつべきであるか、どのようにして権力を制御すべきかに関する——ものであるが、すべての権力関係が政治的な関係であるわけではないのだ。わかりやすい例を考えてみよう。教師が生徒に対してもつ権力、雇用主が労働者に対してもつ権力、将軍が兵士に対してもつ権力。これらのケースの各々において、前者は後者を望んだ仕方で振る舞うようにすることができるのだが、そこには自発的に承認された権威を行使することでなされるという側面もあれば、命令に従わない場合は何らかの結果

(監禁、解雇、軍法会議)を生むと脅かすことができるのでなされるという側面もある。だとすると、なぜこうした関係が政治的関係ではないのか。政治をして、人間の生における独特の部分にしているものは一体何なのかを、考える必要がある。第一に、政治には決定することや、決定を強制することが含まれているのだが、それらをある一定の仕方でおこなうことにも、政治はかかわっている。つまり、異なった声や異なった利益に対して、自らを表明する機会を与える、という仕方である。政治は民主的である必要性はないし(宮廷の中にも政治はある)、道徳的に高潔である必要もない(討議や議論だけでなく、脅迫や取引も政治の内にある)。だが、他の人の声を聞く必要も、利害関係のある人々に相談する必要もまったくない状態で、独裁者が自らの意志を押しつけることができる場合、そこに政治は存在しないのだ。第二に、政治的権威は、人間の生のすべての側面に影響を与える可能性をもっている。我々は政治に限界を付すことができるし、そうすべきなのだが(つまり、第四章で検討したように、政治的決定がその介入を止める場であるある個人の自由の領域を明らかにすべきなのだが)、まさしくこうした領域を明らかにするという行為こそが政治的な行為なのである。そして政治は、個々の人々が異なった人生行路において行使できるようになるべき権力が、いったい何であるかを決定する手段でもある。教師が生徒に対してもつ権威は、どの程度にまで及ぶべきなのか。雇用主と労働者のそれぞれがもつ権利と義務はどうあるべきか。軍隊を統率する過程で将軍に許されるべきこと、許されるべきでないことは何であるか。こうしたことは政治的決定の問題なのだ。

もしも政治にはこうした独特な特徴があるのだとすれば、政治的権威に対するフェミニストの挑戦を、もっと異なった形態で提示することができる。男性と女性の関係に関するフェミニストの指摘は、本来的に政治的な本性をめぐるものというより、むしろこの関係への取り組みに関する政治の怠慢をめぐるものなのである。政治的権威は現在までさまざまな形態を取ってきたが、異なった性のあいだに特別な仕方で存在する親密な関係については、適切なパラメーターが設定されていなかった。政治的権威の怠慢は多くの点において指摘できる。つまり適切な身体的安全、とりわけ家庭内暴力(DV)からの保護を女性に保障してこなかったし、生の重要な領域の多くにおいて男性と同等な権利の享受を女性に保障してこなかった。そして、個人としての自由を女性に対して充分に提供してこなかった(これが何を意味するのかについて、この後すぐに検討する予定である)。ほかならぬこうした政治の怠慢によって、個人的な生活空間の中で男性が女性に対して権力を振るうようになったのであり、そのようになった明白な理由の一つが、何世紀にもわたって女性が通常の意味での政治からまったく排除されてきたということなのである。

以上の議論によって当然我々は、現在実践されているデモクラシーに対してフェミニストと多文化主義者が提起する批判に、直接向かうことになる。だがその前に、自由の問題についてもっと詳しく検討してみたい。第四章でみてきたように、自由は一種の〈保護された行為の領域〉という観点によって通常理解されており、〈その領域内において各人は、自分自身の生き方を決定する機会と手段をもつことになる〉とされている。こうした考えにフェミニスト――そして同様な議論は多文化主義者によっても提起されているのだが――が挑戦する様式は二つある。第一に、私的領域において、実際のところ女性は政治哲学者が通常想定しているよりははるかに自由ではない、とフェミニストは主張してきた。第二に、ミルのフレーズを使うなら、純粋に「自分自身に関係する」ものに思える振る舞いであっても、事実として女性の利害に決定的な悪影響を与えることがありうるのだ、とフェミニストは主張してきたのである。

すでにみてきたように自由には、選択肢の範囲が開かれているという意味と同時に、そうした選択肢の中から選択をする能力があるという意味も含まれている。過去において、大多数の女性に開かれていた選択肢が非常に限られていたことは明らかである。結婚する、子供を育てる、家庭の中で、もしくは家庭と密接に結びついたいくばくかの職場の中で働く、といったことのほかに、ほとんど選択の余地はなかった。女性の自由のこうした外的な側面に関して二〇世紀に劇的な変化が生じた。少なくとも形式上は、ほとんどすべての職業が女性に対して開かれただけでなく、今や個人的な領域においても本物の選択がなされるようになった――つまり、結婚するかどうか、異性関係をそもそも結ぶかどうか、子供を産むかどうか、などの選択である。だからといって、女性が以上の点のすべてにおいて男性と比べて同等の自由を享受しているのだ、ということにはならない。なぜなら、すでにみてきたように、自由とは異なった行為を遂行する際に生じるコストの問題でもあるからであり、たとえば仕事と子育てを両立させようと決めたとき、女性は余分なコストを負わなければならないことが非常に多いからである。しかしながら、もっと難しい問題は、自由の内的な側面――選択する能力――に関係する。

自らの社会において長年にわたって確立された文化的規範に対して、もはや身体的に従うよう強制されていないようなところであっても、女性はいまだにその規範に束縛されているのだ、とフェミニストは主張してきた。こうした規範は特に、女性がどんな容姿であるか、いかに振る舞うべきか、男性とどのような関係を確立するべきか、などのことがらと関連する。女性の人生の初期段階に、こうした規範はその精神の中人生に深く埋め込まれるのであり、後になってこれに挑戦するのはきわめて難しい。人生の多くの領域において――職業、宗教、広い意味でのライフスタイルについて――女性が実際に選択をしているのは明白なことであるが、それらはほとんど常に〈女性らしさ〉に関する支配的な考えが定める範囲内に限られている。そしてこのことは、破滅的な結果に至るかもしれないのだ。たとえば、身体的な見映えに対する強迫観念のせいで一〇代の女性のあいだで拒食症が流行ることになるかもしれないし、家庭内での男女役割に関する信念のせいで途方もなく不公平な家事分担に女性が甘んじることになるかもしれない、などである。

こうした問題が扱いづらいものとなっているのは、フェミニスト自身のあいだでも合意がえられない別の問題とそれが深く結びついているからである。つまり、男性と女性は本質的に共通の本性をもっているのか、それとも、自らの生き方を選ぶ仕方に常に対照を生むような深い相違が男性と女性のあいだに存在するのか、という問題である。もし後者が真であるなら、女性がある種の文化的規範に従うことを選択したとき、そうした選択が本物ではない、と即断すべきでないことになろう。だからといって、たとえば一〇代の女性を餓死するように仕向ける規範を受け入れなければならない、というわけではない。しかしながら、男性よりも身体の見映えを気にする性質が女性にもとから備わっている可能性が少なくともあるのであり、その場合、生のこの部分に関して女性がなす選択が男性の選択と異なったパターンを示すとしても、そのことが女性の自由にとっての損失だとはいえなくなるのだ。

我々が目にする男女間での選択の差異が、単なる文化的な規範の所産であり変更可能なものであるのか、あるいは、そうした差異は性差にしっかりと組み込まれた差異を反映しているのか、という問いを、どのようにして決することができるのであろうか。これは大変に困難な問題であり、最も賢明な方法は、ジョン・スチュアート・ミルに従い、不可知論者であり続けることなのかもしれない。『女性の隷従』(二〇世紀以前に存在したフェミニスト政治哲学のごく少数の事例の一つ)において、ミルは以下のように書いていた。

二つの性の本性については、各々の性が現在の関係性の中で互いに理解しあっているかぎり、誰も何も知ってはいないし、誰も知ることができない、とわたしは思う。もしも女性のまったくいない社会に男性が置かれたなら、あるいは男性がまったくいない社会に女性が置かれたなら、もしくは、女性が男性の支配下に置かれていないような男女からなる社会が存在するなら、そのような場合、男女それぞれの本性に本来的に備わっているかもしれない精神上ならびに道徳上の差異について、何事かを明確に知ることができるかもしれない。

我々はこうした証拠を欠いているので、自由の外的な条件に関して男性と女性が同じになる——男性と女性にとって手に入れられる選択肢や、そうした選択肢を選んだときに生じるコストが両者とも同じになる——ことを確実にするべき充分な理由があることになる。こうしたことを超えて、男性と女性がそれぞれいかに振る舞うべきであるかに関する支配的な文化規範の影響を断ち切るよう努めなければならないのか、あるいはそれとは逆に、伝統的な〈女らしさ〉の規範が伝統的な〈男らしさ〉の規範と同じくらい高く評価されることを確保するよう努めるべきなのか。こうしたことは、すでに述べたように、フェミニストのあいだでも激しい論争のまととなったまま現在に至っている。

文化的なマイノリティ（宗教的もしくはエスニック・アイデンティティが、その社会のマジョリティのものと異なっている人々の集団）もまた、個人の自由に対する障壁と直面している。現代のリベラルな社会では、こうした人々はマジョリティの人々と形式上同等の教育と就業の機会をもっているのだが、その選択を追求するうえで特別なコストが付加されていることが多いのだ。たとえば、マイノリティ集団の人には〈ある特定の条件を守ることが難しい〉というかたちで職業を限定されることがある。宗教的もしくは伝統的服装規定と制服が相容れないことがあるし、宗教的慣習と相容れない仕方で就業日が設定されること(たとえば安息日に働くように要求されること)もある、などだ。種々の機会は形式的な意味以上の仕方で平等化されなければならない、と多文化主義者は主張している。ここにおいて問題となるのは、コストそのものが選択の問題であるかのように思えるということである。たとえば、宗教的理由でわたしが豚肉を食べないことを選択しているとすれば、そのことは明らかにわたしの自由の制限ではない。というのも、この制限は自分自身に対して課されているものだからである。するとこのことと、ある種のスタイルの服装を着用することにわたしがこだわっていることを理由に、多くの雇用者が仕事を提供してくれないこととは、どのくらい異なっているのだろうか。そのような服装をしない、という選択ができるのではないだろうか。

この問題を解決するためには、服装規定が、もしくはその他あらゆるタイプの職業上の特殊な要求が、問題となっている職業にとって不可欠なものであるかどうかを決定する必要がある。服装の要求が安全性を理由に課されている事例もあれば、審美的な問題が含まれている場合もある(たとえばダンサーや役者は、制作デザイナーが選んだ服装をまとえるよう準備しなければならない)。だが、規定が単なる決まり事以上のものではない場合には、そうした規定が廃止されるか緩められなければ自分たちの職業選択の自由が制限されてしまう、と文化的マイノリティは正当に主張することができる(もちろんその場合、マイノリティの人々は、自分たち自身の服装規定が深い文化的根源性をもち、それゆえそれを違反することはその個人にとって多大なるコストとなることを証明しなければならない)。

以上のような次第で、フェミニストと多文化主義者の挑戦の結果、自由の観念そのものではなく、いかなる条件下で人々が自分の生き方を本当の意味で自由に選択できるのかに関する理解の仕方を、我々が修正せざるをえないことになりうると理解できる。同じことが、自由の限界について理解するときにもあてはまる。第四章において、わたしは以下のような事例を提示していた。つまり、他の人々にとって単に気分を害するものにすぎないように思える振る舞い、したがってミルの定義によると「他者と関係する」ものではない振る舞いが、その結果として影響を被る人が自らの振る舞いを変えざるをえないことになる場合、単なる気分を害するもの以上のものになることがある、というものである。こうした議論をフェミニストと多文化主義者はさらに推し進めたいと願うかもしれない。たとえば、女性や文化的マイノリティの人々の描かれ方、とりわけ人気のあるメディアにおけるそれが、そういった人々に対する処遇の一般的な様式に多大な影響を及ぼす可能性があるのだ、と彼らは主張するであろう。たとえばもし女性が性の対象として表象されるとしたら、あるいは黒人が犯罪者や麻薬販売人として描かれるとしたら、その場合こうした表象がおそらく無意識のかたちで、雇用を考えている人々や昇進を決定しようとする人々の振る舞いに影響を与えることになるであろう。このことから引き出されるのが、表現の自由はいままで考えられていたよりも多くの制限を被るべきなのだ、ということである。被害を受けやすい集団に属する人々の利益を害するような表現は避けるべきなのだ。こうした理由からポルノグラフィの禁止を要求するフェミニストも存在する。宗教的マイノリティの代表者の中には冒瀆法の支持を主張する者もいる。その法によれば、自らの宗教の威厳を傷つけるような言明は禁止されるべきなのであり、たとえばサルマン・ラシュディがその著作『悪魔の詩』を出版したときムスリムがしたことがそれにあたる。

こうした主張は、個人の自由に強くコミットしている社会に対して、問題を提起することになる。結局のところ、人々が慣習に挑戦することを許すがゆえに、つまり、ショックを与えたり怒りを惹き起こしたりすることで、他の人々が現存する信念に疑問を持つように仕向けることを可能とするがゆえに、まさしく自由は価値あるものなのではないのか。ある集団に属する人々の気分を害するような表現や振る舞いを讃えながら、その一方で他の集団の気分を害するような表現や振る舞いを禁止する、などということがどうやったら可能だというのか。ある人々にとって気分を害するものであるのにもかかわらず解放的な契機をもっている表現形式と、単に気分を害するだけである表現形式とを区別する線を引くことは難しいので、この領域の問題に関して法律はあまり役に立たない道具であると結論づけることができる。つまり、公共の場での人種差別発言のような極端な場合のみを例外として、一般に、どの表現が許容可能でどの表現がそうでないかを決めるのは人々それ自身に任されるべきだ、と結論づけてもよいのだ。だからといって、こうした問題を公共の場で論じることを認めていないのではない。そうした議論によって、自分と異なった文化背景をもつ他者が、何をもって気分を害するものや侮辱的なものとみなしているのか、ということについて人々がもっと気づくようになる可能性が生まれるであろう。多文化的な社会において、他の集団が抱いている文化的価値観への敬意が広範にひろがるということは、重要な善の一つである。それと同時に、人々の表現を萎縮させるような〈政治的な妥当性の基準《ポリティカル・コレクトネス》〉という制約に屈しないことも重要なのだ。ある文化が自由と平等――特に女性の自由と平等――に敵対する要素を内に含んでいるような場合、たとえそうすることがその文化集団を攻撃することになろうとも、その問題性を強く主張することをためらうべきではないのである。

ここでデモクラシーの問題に移ろう。普通選挙制をしいている社会において、フェミニストと多文化主義者の両者にとって大きな問題となっているのが、立法府である議会の中にいる女性や文化的マイノリティの代表の数が相対的に少ない、ということである。なぜこのことを問題とすべきなのか。彼らと反対側の立場の人々は次のように論じている。つまり、代表者はすべての有権者によって選ばれており、有権者に対して責任を負っているのだから、現実に少数の女性やマイノリティ・メンバーしか代表者になっていないとしても、そうした人々の利益と関心は代表者である(白人)男性を通じて伝えられている。言い換えれば、実際に誰が議会や国会に議席を得ているのかではなく、説明責任《アカウンタビリティ》のメカニズムがどうなっているのかが問題なのだ、というのである。

こうした返答は、現行の民主社会において選挙で選ばれた代表者たちは、有権者が提起する機会をまったく与えられてない問題について決定を下す自由を大いにもっている、という事実を見過ごしている。第三章においてわたしは、デモクラシーを深化させる方法、つまり決定の中に民衆をもっと十全に参加させる方法について論じた。そして、もしもそのようなことが実現するとすれば、誰が民衆の代表として選ばれるのかは実際のところあまり問題とならないであろう。だが、現代社会ではこのことは非常に問題となるのであり、女性やマイノリティの集団に属していない人には、当事者の見方や利害を充分に理解することが難しいような重要な問題がいくつか存在しているのだという議論が、こうした集団の代表者の数を増やすことを支持している。したがって、たとえば議会や国会に宗教的慣行をめぐる問題、それも職業差別と関連するものが提起された場合、この慣行がもつ意味や、問題となっている集団にとってこの慣行が中核的なものなのかどうか、などといったことを説明できる人々が、そこにいることが重要となる。同様のことが女性に特有の関心事、たとえば出産休暇や子育ての問題が提起されたときにあてはまる。

代表が厳密な仕方で人口数と比例関係になるべきことが不可欠なわけではない。重要な観点の各々が、適切な仕方で立法府に代表されていることが重要なのだ。このことは、問題とかかわりのある人すべてが開かれた討議をすることで政治的な決定にいたるシステム、という本書におけるわたしのデモクラシー像から帰結するものである。当事者は反対側の議論に耳を傾け、〈公平さ〉という基準によって議論を比較考量し、それに従って自らの考えを変えることをよろこんでする、ということがここでは前提とされている。もちろん、デモクラシーがつねにこのような仕方で作動するわけではない。しかしながら、特にマイノリティ集団にとって、デモクラシーができるかぎりこのように作動すべきことが肝要なのである。彼らはつまるところ少数派なのだ。もしも各人がただ単に自らの分派的利害に従って投票するだけだとしたら、マイノリティは敗北するほかはない。議論の力が、彼らにとって唯一の武器なのである。

以上の見解に異議を申し立てるフェミニストや多文化主義者が存在する。その主張によれば、〈理性的な議論によって問題を解決する〉という考え方そのものが、こうした種類の論争にすでに精通した人々に有利となったシステムに偏ったものなのである。自分たちの主張を提示するために、女性やマイノリティ集団に属する人々はもっと情緒を込めた仕方で発言する必要があるかもしれない、と彼らは主張する。そしてまた、当該の集団にとって最も重要となるようなある特定の論題は、その決定がその集団でなされるよう確保されるべきであり、したがって(妊娠中絶、避妊などといった)再生産に関する権利《リプロダクティヴ・ライツ》は女性だけにその決定を任されるべきなのだ、と示唆している。

第三章においてわたしは、マイノリティ問題一般に関連して、いかなる場合においても敵対するマジョリティからマイノリティを保護するというまさしくその目的のために、民主的な社会は憲法の中に何らかの基本権を積極的に確保しておくべきだと主張した。わたしはまた、たとえば連邦制のようなかたちで、異なった問題を扱うために別個の選挙区をつくるということはデモクラシーの基準に照らして正当化することができる、と示唆していた。しかしながらここで問題となっているのは、女性や文化的なマイノリティにとって重大な関心のある問題の多くが、他の集団にとってもかなりの重要性をもっているということなのである。明白な事例として妊娠中絶がある。これは女性にのみ関連する問題なのだと考える傾向がどれほどあろうとも、特に宗教団体にとって、中絶には魂をもった人間存在の破壊も含まれると信じているかぎり、やはり重大な関心事であるのは明らかである。こうした宗教団体の関心を、単に常軌を逸したものとして退けることはできない。そうすれば、宗教的な基礎をもつ他の文化的な主張のすべてを同様に退けることになるであろう。したがって前に進むことのできる唯一の方法は、討議や議論を通じて妊娠中絶に関して相反する立場の双方が最低限度許容できる立場をつくりだすよう努めるというものであり、このことによって再び、決定を下さねばならない団体の中に、充分な範囲にわたって数々の見方が代表されていることの重要性が強調されることになる。

本章で取り上げる最後のテーマとして、正義の問題に移ろう。社会正義に関する現在支配的な考えに対して、フェミニストや多文化主義者はどのように挑戦してきたのだろうか。そしてそうした挑戦に対して、我々はどのように応ずるべきなのだろうか。特に二つの問題をここでは取り上げたい。つまり、家庭内での正義(家庭生活内における男性と女性のあいだでの正義)と、積極的な差別待遇(高等教育や職業市場へのアクセスにおいて、女性やエスニック・マイノリティを厚遇するように意図された対策)である。

前章においてわたしが示したように、社会正義というのは、社会・政治的な諸制度が個々人のあいだに利益とコストの配分を生み出すその仕方に関心を向けている。伝統的にその焦点は、所有権と租税のシステム、医療サービスや教育の公的な供給、などといったものに向けられてきた。しかしながら、こうした公的な制度による分配の結果に、我々はその関心を限定してよいのだろうか。フェミニストの主張によると、我々には家庭という単位の内部で何が起こっているのかにも目を向ける必要があるのであり、そう**し**た**こ**と**が**いかにして利益とコストの分配を生み出しているのかを理解し、さらには仕事や収入などといったより広範にわたることがらの分配にどんな影響を与えているのかを理解する必要があるのだ。さらにもっと特徴的な彼らの主張は、家庭内での正義ぬきで女性にとっての社会正義が達成されることはありえない、というものである。

歴史的にみると、家庭において女性が不公平な処遇を受けてきたということに、現在多くの人が同意するであろう――つまり、女性は多かれ少なかれ、男性家族のいいなりとなる境遇に置かれてきたのであり、その男性家族は、家庭内での仕事をほとんどしなくてもよいことになっていただけでなく、一家の稼ぎ手という地位をもつことによって家計をコントロールしていたのだ。だが、女性はいまや公的領域において独立を勝ち取った――つまり、法的権利や政治的権利、そして労働市場への平等なアクセスを獲得した――のだから、家庭内という文脈における男女関係も大いに変化してきたように思われるかもしれない。すなわち、女性と男性は現在、平等の条件下で相互交流をしているようにみえる。換言すれば、いったん(通常の意味での)社会正義が女性に対して達成されたなら、家庭内での正義もそれに続いて達成される、というのである。しかしながら、こうした楽観的な見方は現実において証明されてはいない。明らかに、女性の立場は多くの点で改善された。だが、大いなる不平等がいまだに存在しているのであり、とりわけ家庭内労働を男女のあいだで分担する仕方において不平等が残っているのである。パートナーの両方がフルタイムの職に就いている場合であっても、家庭内での仕事の大部分をいまだに女性が引き受けている。こうした仕事は負担の大きいものであるという前提に立てば(掃除をしたりアイロンをかけたりすることが、本当に楽しいという人がいるだろうか)、こうした事態は不公平であるようにみえる。

女性が不利益を被ることになる事実はほかにもある。つまり、子供が生まれるとき、ほとんど例外なく女性は男性よりも長期にわたる仕事の中断を被ることになり、その後パートタイムの仕事に就くというかたちで職業市場に復帰することが多かったり、どんなかたちであれ男性の競争者と比べてより遅いスピードで出世の階段を上ることになったりするのである。あけすけの性的差別だけでなくこうした事実も、女性はきまって男性よりも稼ぎが少なく、さまざまな専門職のトップに座ることが少ない(女性の取締役や判事、教授といった人は大変数が少ない)という、ごく見慣れた事実を説明しているように思える。

しかしながら、男性と女性がいくつかの点において不平等な地位に就くことになっているからといって、すぐさまこれが不正だと結論づけるべきではない。結局、何らかの不平等が結果として生まれたとしても、それでもそれが公平であることはあるのだ。たとえばそうした結果が、人々がなした異なった選択を反映している場合、そうである。したがって、わたしがいましがた提出した事例に対する反応の中で考慮の必要があるものとして、自分たちに不利となるように思える取り決めに女性は同意を与えているのだ、という意見があげられる。つまり、いわゆる家族内取引の一部として家事のほとんどを行い、男性配偶者と比べるとあまりきらびやかではない仕事をするということを女性は受け入れているのだ、というのである。

なぜこのような同意をしたといえるのだろうか。おそらくそれは、男性と女性各々の役割に関する規範が依然として存在しているからであり、その規範が命じるところによれば、家庭の仕事をして子育てをするという特別な責任を女性はもっているのであり、他方、家庭の外で収入を稼ぐという特別な責任を男性がもっているのである。したがって、実際には働き盛りの年齢の女性は大多数が労働市場の中で雇用されているのに、そうした労働を一種のボーナスとして、つまり本来の責任事項に追加されたものとみなす傾向が両性ともにあるのだ。しかしながらもし仮に女性がこうした考え方を共有しているとしても、コストと便益のバランスという点で、この考え方が女性に不利に働いていることは明らかである。こうした規範は旧き時代の遺物であり、人々がこの規範に自由に帰依しているからといって、それが公平であるという充分な理由とはならない(奴隷だってその隷属状態を正当化する規範を受け入れていた、ということが知られている)。

家庭内での正義が我々の社会において達成されていないことの証明に比べると、家庭内における公正さという要求の内実が何であるかを、もっと積極的に語るということは難しい。コストと便益の分配は平等にするということが、すべての夫婦のルールにならなければならない、と主張すべきであろうか。あるいは、それぞれの状況に応じて異なった取り決めをつくる余地があるのだろうか。おそらく、女性の適切な地位に関する旧き規範がいったん消滅するなら、自由な同意という原理がその本領を発揮することになるであろう。すでにみてきたように、男性と女性のあいだには、特に子育ての役割に関して大いなる違いが存在すると主張して、厳格な平等の適用は母性を否定する仕方で振る舞うように女性を強制するものだ、とみなすフェミニストもいる。この主張が真である程度に、各個人の選好と能力に応じて家庭内外の仕事を分け合うようにパートナー同士が選択することができるような家庭では、家庭内関係の公平さは家庭生活の柔軟性と両立するものとなるべきなのだ。

本章の最後に、積極的優遇措置《アファーマティヴ・アクション》と積極的差別待遇の政策が提起する問題に一瞥を投げておく必要がある。仕事や大学の籍を得るための選抜を受けるとき、厳密な意味での真価に基づいて選抜はなされているに違いない、という含意を生む、機会の平等に関する通常の考え方に対して、フェミニストと多文化主義者の双方が異議を唱えている。彼らの主張によれば、女性やエスニック・マイノリティのメンバーを積極的に差別優遇することを正義が要求するかもしれない。換言すれば、応募者がこうしたカテゴリーのいずれかに属するのかどうかを考慮に入れるような選考基準要素を、選抜委員会が選考過程に組み入れるべきなのである。もちろん、こうした政策はきわめて広範に、つまり大学と雇用者の両者によって実施されてきているのだが、いまだに論争を喚起している。

積極的差別待遇の政策に対して与えることのできる正当化論の中で、二つのものを区別する必要がある。第一のものは、「真価」を測るという標準的な方法(たとえば審査の評価やテストの結果に拠る方法)は女性やマイノリティ・メンバーがもつ真の能力を低く見積もる傾向がある、というものである。これは、テストには隠された文化的バイアスがかかっているからかもしれないし、こうしたカテゴリーに属する人々はテストが測ろうとしている技能を獲得する機会をあまり与えられていない(し、その結果、いわばあまり影響力のない教育経歴しかない)からかもしれない。こうしたことが証明されるのなら(ただし、現在学校では少女の方が少年よりも成績がいい傾向があるということを考慮するなら、女性のケースよりも不遇のエスニック集団のケースの方が、このことにははるかに妥当性があるのだが)、積極的差別待遇政策というものは機会の平等を達成する上で実際により好ましい方法なのである。原理のレヴェルでは議論の余地はない。議論となるのは端的にいって、優遇された地位に選抜された人が、本当にそれに値する人であることを保証する最善の方法は何かということである。

しかしながら、原理の問題を喚起してしまう第二の正当化論が存在する。この議論は、現在社会階層のより高い層に女性やエスニック・マイノリティの人々が代表されている割合が非常に有意な程度で低い、という事実から出発し、このことを矯正する最善の策として積極的差別待遇を提案している。換言すれば、ビジネスや専門職、官僚などといった世界における高位の地位に女性や黒人、ムスリムなどといった人々が多く就いていることを保障する、というのが社会政策における重要な目標の一つであるべきだとされる。この観点からみると、社会正義というのは単に個人の公平な処遇にのみ関係するのではない。社会正義は、集団に基づく要素も重要なものとしているのだ。さまざまな社会領域において主要な集団のすべてが、そのメンバーの数に大体比例する仕方で代表されている社会というのが、正義に適った社会だとされる。

個人の機会が本当に平等にある――つまり、人々が職業やその他の地位のために選抜される際に、つねに真価を基にしてそれがなされており、人々は真価と評価される技能や能力を発達させる同等のチャンスをもっている——のだが、それにもかかわらず、社会の中に共存する異なった集団の中には、最高位の地位のほとんどを占めている集団もあれば、最低位の立場に群れをなしている集団もあるというように、全体をみると結果として成功しているものもあればそうでないものもある、ということが真であると仮定しよう。この場合、あまり成功していない集団は〈集団を単位とした不正義〉の犠牲である、といえるだろうか。たとえば文化的な理由から、そのような集団のメンバーがよりよい仕事に応募しないことを意識的に選択している場合、そうはいえないであろう。だが、一般的にいってこれはありそうにないケースのように思える(文化的理由で、特定の仕事を好ましくないものとする集団は存在するだろうが)。これよりももっともらしい説明は以下のようなものである。つまり、低い地位の仕事に就く傾向が歴史的にあった集団のメンバーは、低い期待しかもたずにいるし、自己を過小評価する意識をもっている。したがって、仕事の階段をより高いところまで上っていくチャンスが自分たちにある、と信じる人がこの集団にはほとんどいないのであり、それゆえ昇進を目指さないという選択を彼らはしているのである。

こうした状況があるとすれば、それは我々にとって大いに関連があるはずだ。当該の集団に属する人々の地位が低く、その個々のメンバーがもってもおかしくない機会を手に入れていないとしたら、それは彼らにとって、そして実際社会全体にとって、悪しきことなのである。たとえば、よい大学への入学というような最初の一押しさえ与えられたなら、マイノリティのメンバーに何ができるのかを示すことになるのだから、積極的差別待遇政策は助けになるかもしれない。こうして助成された人々は、他の人々がその後に続いていくことを支援する模範となることができる。したがって、全般的な効果という観点で比較考量するならば、こうした政策を正当化することができるのである(アフリカ系アメリカ人のケースが、おそらく最善の事例となるだろう)。だが、だからといってこうした政策が正義の問題として要求されるわけではないし、低い期待感しかもたず、低いレヴェルの成功しか達成していない人々の集団を、この観点のみから不正義の犠牲者として描けるわけでもない。それどころか、ここには本当の意味での価値の衝突があるのかもしれないのだ。つまり、各個人を公平に遇するという価値と、エスニック集団や他の集団がより広範な社会活動の中に十全に統合されることを保障するという価値のあいだでの衝突である。政治哲学者は、自分が支持する政策は他の価値を犠牲にしていないという、政治家にありがちな思い込みに抵抗すべきなのだ、と本書のはじまりの方でわたしは述べておいた。ここで我々が結論すべきなのは、各個人のあいだにある本当の公平さを保障する——本当の真価を明るみに出す――というのがその関心であるときにのみ、積極的差別待遇は正しいのだ、ということである。もしもこの条件を超えて適用され、ある特定の集団の一般的な地位を他の集団よりも押し上げるための手段となるようなことがあれば、一般的にいってどれほどそれが望ましいものとされようと、この政策はもはや正義の問題ではなくなっているのだ。

フェミニズムと多文化主義は、より旧くからある政治哲学の諸問題に取って代わるものだとみなされるべきではなく、そうした問題を新しい仕方で提示するものとみなされるべきなのだ、と本章のはじめでわたしは提唱した。この見解が、いまや正当化されたことを願っている。政治的権威、自由、デモクラシー、そして正義をめぐるいままでとは違った考察の仕方を、フェミニストと多文化主義者は教えてくれる。そしてとりわけ、文化的に多様性のある社会や女性が男性と対等な存在として遇されることが期待されている社会において、こうした諸価値がどのような仕方で実現されるべきなのかに関して、何事かを語らざるをえないようにフェミニストと多文化主義者は我々に挑戦してきているのだ。彼らの著作は政治哲学をより豊かなものとしている。そしてこうした著作によって政治哲学が、現代において最も激しく論争されている問題のいくつかと直接向き合うことになっているのである。

7 ネイション、国家、グローバルな正義

前章において我々は、政治的権威と正義の双方の範囲をめぐる基本的な問題のいくつかを探究した。ある種の人間関係を政治的なものとするのは何であり、そうでないものとするのは何であるのかについて我々は問うていたし、正義という考え方が、家庭という領域内の男女関係に、そして一つの社会内での異なった文化集団間関係に適用できるのかどうかを問うていた。本章もまた政治と正義の範囲をめぐるものとなる。だが、ここでは内側にではなくむしろ外側に目を向けることになるだろう。我々にとって最も馴染み深い政治の単位(つまり国民国家《ネイション・ステイト》)は、現在その有用性を時代の流れの中で失ってしまったのかどうか、そして政治を、国際的なもしくはグローバルな規模で生じている何かとして考えるべきなのかどうか、こうした問いを掲げるつもりである。そして、国民国家を超えるレヴェルで正義はどのような意味をもつことになるのか、という問いも検討するだろう。グローバルな正義という観点で思考することは

可能なのだろうか。もし可能なのなら、このレヴェルで適用される原理は、ネイションという政治共同体内部で適用されている原理と根本的な意味で異なっているのであろうか。

範囲や規模をめぐるこうした問いは、ただ単に技術的な問題なのではない。人間存在が相互に影響しあう仕方は、各人が他者を個人として知っているような小さくて親密な集団関係から、我々がもつ他者に関するたいていの知識が(他者を類型やカテゴリーで知るというかたちで)一般的な種類のものとなり、(たとえばメディアを通じたレポートによって、というかたちで)我々がそのような知識を獲得する方法が間接的なものとなる巨大社会にまで移行していくにつれ、きわめて根本的な仕方で変化している。ここでほんの少しばかり話を引き戻し、あの壁画を描いたロレンツェッティの時代にシエナという都市がいかなる仕方で機能していたのかを考察してみるとよい。現在世界を支配している政治の単位(国民国家)と比較してみると、シエナの規模は極めて小さい。厳密な意味での都市空間を越えて、シエナの支配権はその中心から約三〇マイルという範囲の領域にまで及んでおり、そこにはいくつかの小さな町、村、田園地帯が含まれていた。この政治の単位内での人口は、一三四八年に黒死病が流行る以前、最高で約一〇万人に達していたと推定されている。その約半数が都市そのものの中に居住しており、その居住者の中のごく少数だけが市民権をもっていた。したがって、その作品「善き統治と悪しき統治の寓意」の中にシエナのものと重なる要素が多くみうけられる画家、ロレンツェッティが描いている政治的共同体では、市民の多くがその政治指導者を個人的に知っており、その都市城壁の中でなされる政治指導者の営みは日々の観察を受けていたのである。都市の各部分からの代表者からなる総評議会は、触れ役の声と鐘の音によって召集されていた。このようなシエナを政治的な共同体として描くとき、我々は言葉を正確な意味で使っているのである。

現在我々が政治哲学として理解する営みは、このような小さな規模の政治的共同体――最も顕著なのが古典期アテナイ――において最初に生まれた。こうしたところでは、都市内での生活に関するかぎり、市民団は自らの運命を支配していた。したがって、最善の統治形態、善き統治者がもつべき資質、正義の意味するところなどといったことに関する問いを掲げることに大いなる意味があった。おそらく、こうした種類の都市国家によって、人間存在は善き自治をなす――自由、正義、そしてデモクラシーを成就する――うえで歴史上最善の機会を与えられたのだ。だとすれば、なぜこうした政治的共同体は生き残らなかったのであろうか。アテナイやシエナのような都市国家は、よりおおきな〔政治的〕単位によって襲われ、吸収されてしまう危険性につねにつきまとわれていたから、というのが答えである。こうした都市国家は自らの独立を維持するために不断に戦うことをいとわなかったし、そのためには隣接する都市と不安定な同盟関係を結ばねばならなかった。こうした同盟はしばらくのあいだ続いたこともあったが、長期的にみるなら、より集権化の進んだ帝国に抵抗することができないことが顕になった。アテナイはマケドニアのフィリッポスに屈したし、シエナにしても、ミラノ公のような近隣の統治者の庇護に自ら入ることでしばしの独立を維持したのち、結局はスペイン皇帝カール五世によって征服されてしまった。都市国家はその内部に巣くう欠陥によってではなく、征服軍に直面したとき顕となったその対外的脆弱性によって滅びたのである。

帝国の力に抵抗することができると同時に、都市国家がもつ長所のいくつかをそれでも体現できることが明らかとなった政治の単位が、国民国家なのであった。国民国家は都市国家よりもはるかに大きな規模で形成されたのであり、広範な地理的領域の中に住む何百万もの人々を飲み込んでおり、その首都の中に集約されたその国家自身の組織(議会、法廷、政府、軍司令部など)を備えていたのだが、それにもかかわらず自らを政治的共同体と主張することができた。なぜなら国民国家のメンバーは、その隣国の人々とはっきりと区別できる固有の人民ないしはネイションに自分が属していると考えていたからである。こうしたことが生じるためには、国民国家を構成している多くの地域が互いに交流することを可能にするコミュニケーションのメディアが必要だったのであり、こうしたメディアによってそれぞれの地域の人々は、他の地域の人々が何を考え、何をしているのかを知ったのである。こうしたことを考慮して、歴史家ベネディクト・アンダーソンはネイションを「想像の共同体」と呼んだ。つまり、人と人が直接触れ合う共同体とは違って、こうした共同体は想像という集合的な行為のうえに、まさしくその存立基盤を置いているのである。人々は自分がフランス人、もしくはアメリカ人、もしくは日本人であるという自覚を、ただ単にある家族の一員であることや、ある特定の街の住人であることだけで得るのではない。こうした自覚を、学習しなければならないのだ。

だが、ネイション〔という単位〕は本当に存在しているのだろうか。あるいは、ネイションというものは、ただ単に想像の対象なのではなく、まったくの想像の産物にすぎないのではないだろうか。ネイションの境界線のこちら側に住む人々を、あちら側の人々から本当の意味で分かつものが何か存在するのだろうか。ディーン・インゲが、かつて次のように語ったことがある。「ネイションというものは、その先祖に関する妄想と、その隣人に対する共通の憎悪によって結びつけられた社会のことなのだ」。

気の利いた引用句のほとんどがそうであるように、この言葉にはほんのわずかの真理以上のものが含まれている。隣国の人々に対する反目からネイションのアイデンティティが生まれてくるというのは、非常によくあることである。〈ブリテン人である〉ということは〈フランス人ではない〉ということがまさしく問題なのだ、というときもあったし、それは現代では、〈スコットランド人である〉ということは〈イングランド人ではない〉ということが問題なのであるし、〈カナダ人である〉ということは〈アメリカ人ではない〉ということが問題なのだ、ということと同様なのである。ネイションが自らの神話――つまり自分たちの道徳や文化がもつ固有の特性や、戦争や政治（あるいはスポーツ）における自分たちの過去の栄光などに関する神話――を展開するというのも一般的なことなのだ。それにもかかわらず、ネイションのアイデンティティというのは単なる幻想ではないのであり、悪しき目的のみならず、善き目的のためにも役立つものなのである。我々がネイションと呼んでいる集団はたいていの場合、共通の言語、長期にわたって共生してきた歴史、文字のうえだけでなく（街や都市が建設される仕様や、景観の様式、記念碑、宗教建築などといったかたちで）物質的環境を通じて表現される文化的特質などを共有している。こうした文化的、物質的環境の中で新たな世代が育てられるとき、その共通の遺産によってそうした人々がかたちづくられてゆくことは——たとえこの遺産の多くの側面に反抗している場合であっても——間違いない。

ネイションの文化がもつ影響力は、ネイションがそれ自身の国家をもっている場合、とりわけ強力になる。なぜならその場合、先のさまざまな非公式的な経路に加えて、法律、政府組織、教育制度、国家的なメディアといった経路を通して文化が伝達されることになるからである。ネイションと国家は互いに強化しあう。つまり、ネイションとしてのアイデンティティを強めるのに国家権力が利用される一方で、こうした仕方で結びつけられた人々は共通の政治的権威をもっとすすんで受け入れるようになり、国家が攻撃された際にはその防衛のためによろこんで集結するようになる。このようなわけで国民国家は、政治の単位としてかなりの成功を収めてきたのである。つまり、帝国の軍隊によって圧倒されないほど充分な大きさをもっているのだが、同時に、抵抗が必要なときにそのメンバーの忠誠心を呼び起こすことだってできるのだ。

もちろん、こうした忠誠心にはマイナス面がある。二〇世紀における二つの世界大戦のように国民国家どうしが戦争をするとき、それ以前の時代(つまり、帝国の手先として戦う傭兵隊が戦争の主役であることが多かった時代)には考えられなかった規模での死傷者を生み出してしまう可能性があるのだ。したがって、政治の単位として国民国家を擁護するには、その軍事的能力に着目するだけでは不十分なのである。共通のアイデンティティによってそのメンバーが結びつけられている社会の中で、政治的に達成できることは何であるのかということについて、もっと語る必要がある。

ここでは二つの主張をしてみたい。第一の主張は、こうしたアイデンティティによって民主的な統治がさらにうまくいくようになる可能性が高まる、というものである。第三章で語られたことに立ち返ってみよう。民主的な政治に伴う大きな困難の一つに、多数派と少数派を和解させるということがあった。つまり、少数派集団に属する人々に多数派の決定を受け入れるように説得する一方で、多数派に属する人々に対して、少数派の願いや利益を踏みにじるのではなく、結論に至る際にそれらを組み入れることに努めるよう説得するという問題である。これに対するわたしの提案は、党派のあいだに信頼があるということが、「民主的な自制」と呼ばれるものの可能性を高める要素の一つなのだ、というものであった。人々が互いに信頼しあうことが一般的であるような社会では、ある任意の問題に関して自分がたまたま少数派となってしまうことを恐れることは少ないし、少数派として多数派の決定が実行されることを厭わない場合が多いのだが、それはひどい危害を被ることはないだろうという予想があるからなのである。これとは対照的に信頼のないところ、もしくは信頼が消え去ってしまったところでは，どんな決定でも〈生か死か〉の問題となる可能性がある。

単純なケースを考えてみよう。自分たちは民主的な憲法をもっており，自分が所属する政党が目の前の総選挙で敗北した，と仮定する。憲法の規定に従って，我々は政権を移譲すべきであろうか。あるいは，クーデタを企てて選挙の無効を宣言すべきだろうか。政権移譲をする場合，二種類のリスクにさらされることになる。第一のリスクは，新たに手に入れた権力を使って政敵に迫害される，そうでなくとも，いずれにせよ政敵の支持者にとって都合のよいように企図された不公平な政策が導入される，というリスクである。第二のリスクは，民主的な選挙によって権力を掌握したにもかかわらず，この政敵がその民主的な憲法に敬意をはらわないというケースであり，その場合，政権移譲をすることで我々は再び政権に就く機会を剥奪されてしまう，というリスクである。（これは単なる理論上の可能性にとどまるものではない。生まれての民主政体の場合，最も重要なときは最初の選挙ではなく，最初の選挙で勝利した政党が敗北し政権を移譲することが求められたときである，というのはよく知られた事実である。そのようなとき，その政党がどうするかがデモクラシーにとって最も重要なのだ。）こうしたリスクをあえて背負うかどうかは，次に政権に就こうとしている人々に対して，どれほどの信頼を抱いているのかにかかっている。

以上の議論を完結させるためには、人々が他者を、特に個人的に知っているわけではない他者を、もっと信頼するように促すものはいったい何であるのかを問う必要がある。この問題を調査した社会心理学者の研究によると、重要な要素の一つとして知覚された類似性があげられる。つまり、自分と何らかのかたちで似ていると思う人々を我々は信頼する傾向がある。このことに関する説明について考察するのは難しいことではない。それは、人間の進化の初期段階から受け継がれてきた特性なのかもしれない。そのような段階において人々は、やや大きめの親族集団の中で互いに協同しあっており、部内者と部外者を区別するすべを学ぶ必要があった。巨大規模の社会では、人々は互いにその姿や発話において非常に異なっているかもしれず、信頼は困難なことになる。だが、この問題を解決するのに、ネイションというアイデンティティが役立つ可能性がある。我々は意見の異なる他者と政治的な不和に陥るかもしれないし、そうした人々がよって立つものの多くを嫌悪することさえあるかもしれない。だが、そうした人々とでも、多くのこと(言語、歴史、文化的背景)を自分たちは共有しているのだ、ということを我々は知っている。したがって彼らでも最低限、民主的統治のルールや精神に敬意をはらうことはするだろう、と信頼することができるのである。

共通のアイデンティティについてわたしがしたい第二の主張は、社会正義に関するものである。社会正義を促進する政策を人々がよろこんで支持するように促すもの、とりわけ、そうした政策が実施される場合、彼らが損失を被ることがわかっているときに、そのように促すものは何であろうか。たとえば、すべての市民に適切な福祉サービスを提供するのに必要な資源を確保するために高額の税金を払わなければならないのだが、医療サービスや教育といったものを私的に購入するなら、もっと安くてすむという人々がいるかもしれない。あるいは、いままで境遇のよくなかった集団に平等の機会をつくるために自分が現在もっている特典、たとえば仕事や大学の籍を手に入れるうえでの近道を自分の子に与えることができる力のようなもののいくつかを、いやいやながらも放棄しなければならない人々がいるかもしれない。こうした人々が以上のことを引き受けることがありうるのは、いったいなぜなのか。正義や公平さの意識から、と我々は答えるかもしれない。そうだとしても、再び問う必要がある。なぜ人々は正義の条件に基づいて他者を遇することになるのであろうか。この問いに答えるために、我々には今一度、共有されたアイデンティティの問題を考察する必要がある。

もちろん、どこであろうとも人々に対して、つまり、共通の人間性というもの以上の何かをその人と共有しているかどうかにかかわらずどんな人に対しても、我々は何らかの正義の義務の存在を認めている、というのは事実である。正当な理由なしに人を殺したり、傷つけたり、投獄したりすることは間違っており、人が危険や苦境に陥っているなら助けにゆくべきである、ということを我々は知っている。後にわたしが示すように、こうした常識の助けをかりて、我々はグローバルな正義という考えを理解できるようになる。しかしながら社会正義が我々に課している要求は、これよりもはるかに大きいものなのである。とりわけ社会正義がしばしば要求するのは、平等の原理が我々に課す制限を、そうした制限を取り去るなら自分自身や友人、親族関係にとってもっとよい結果がもたらされるような場合でも、受け入れるということなのだ。もし我々が脱税をしたり、甥に対して彼がそれには値しないようなよい仕事が与えられるようルールを捩じ曲げたりしたとしても、誰かが殺されたり傷つけられたりするわけではない。だとすれば、こうした正義の要求を我々が受け入れる動機とはいったい何であろうか。ジョン・ロールズのような政治哲学者が強調したように、とても重要な動機の一つとして、〈我々すべてが互いに対して正当化することができるような条件に基づいて、人々と共生したいという願望〉があげられる。言い換えるなら、もし誰かがわたしの振る舞いについて説明(つまり、わたしのしていることが許容可能なものであることの理由説明)を求めることがあれば、その人とわたしの双方が受け入れることができる原理に訴えることで、そうした説明をすることができるのである。こうした動機の強度は、当該の他者と我々がどれほど親密に結びついているかに左右される。つまり、こうした動機は人と人が直接触れ合うような小集団において最も強力なものになる。だが、正義の条件に基づいて他者と共生することに人々の関心を向けさせるうえで、最低限の紐帯をネイションに基づく共同体は提供しているのである。現存のネイション内において、人々はつねに正義に基づいて行動している、とわたしは主張しているのではない。そんなことはまったく事実に反している。わたしが主張しているのは、こうした人々には正義に基づいて行為する動機があるのであり、それゆえに累進課税や先にわたしが述べたような種類の機会均等法といった政策を、彼らが厭わないようにする可能性がそれだけ高まる、ということのみである。

ネイションというアイデンティティをデモクラシーや社会正義と結びつける、以上のような主張に異を唱える人は、ベルギー、カナダ、スイスといった国を例としてあげ、こうした国はマルチナショナルな国家である(それぞれの内部に、二つ以上のはっきりとしたネイション共同体がある)のだが、広範囲にわたる福祉国家やその他の社会正義の制度を支持する、安定した民主政体であると指摘することが多い。これに対する返答として、二つのことを述べておきたい。第一に、こうした国家は連邦制を発達させており、その制度は、経済政策や社会政策に関する決定を含む多くの重要な決定を、異なったネイション集団を包含する州や地域に委譲しているのである。たとえばベルギーでは、フランドルとワロンに雇用や住宅供給といった多くの政策領域に責任を負う別々の州政府が存在しているのだが、同時にベルギー全体にかかわる、たとえば防衛や外交といった問題に対処する連邦政府が存在している。第二に、こうした社会に住む人々のほとんどは、「重層的な」ナショナル・アイデンティティと呼べるものをもっている。つまり自らを、フランドル人であると同時にベルギー人として、ケベック人であると同時にカナダ人として、といった仕方で考えているのである。換言すれば、彼らは包括的なネイションとしてのアイデンティティとならんで、もっと特定地域的なアイデンティティを共有しているのだ。このことを理解するならば、なぜこうした社会が現在のようにうまくいっているのかを理解するのが容易になる。要するに、彼らは、ネイションのレヴェルで民主的な制度を支持するために、そしてより裕福な地域からより貧困な地域への資源の再分配を正当化するために、複数ある共通の忠誠心をあてにできるのである。

　こうして、国民国家のおかげで、巨大な規模で人々が政治的に協働することが可能となった。つまり、人々のあいだに信仰や利害の対立があったり、人々が地理的にばらばらの状態にちらばっていたりしていても、そうした人々を結びつけることができる共通の政治的アイデンティティをつくりあげることで、デモクラシーの確立や社会正義の追求に少なくとも部分的には成功してきたのである。しかしながら現在、このような統治形態は時代遅れのものとなってしまった、と信じている人が多い。国民国家に対する追悼文がすでに数え切れないほど書かれているし、いまやその屍をうまいこと墓穴へ落としこむのを我々は待っているかに思える。

なぜ国民国家は衰退したと思われているのであろうか。その理由のいくつかは内的なものである。つまりそれは、移民やその他の理由からその性質がますます多文化的になってきている社会において、ネイションという共通のアイデンティティを維持していくことが難しくなっていることに関係している。その他の理由は、国家を現在不可避的に取り巻いている外的環境に関連する。つまり、グローバルな経済の影響力を国家はますます統制できなくなってきているということや、国家間協調や国際機関によってのみ解決することが可能な、ますますその領域を拡大していく諸問題（とりわけ環境問題）の存在に関連しているのである。こうした話題に関して現在大量の著作が生み出されており、わたしがこれに何かをつけ加えるつもりはない。むしろ、国民国家に取って代わるかもしれないとされる政治秩序の性質をめぐる問題のいくつかを考察するつもりである。

国民国家への代替案として最も支持されているのが、何らかの形態のコスモポリタニズムである。実際のところコスモポリタニズムは大変旧くからある思想であり、その起源を古代ローマ時代のストア派にまでさかのぼることができる。ストア派の人々は自らをコスモポリタイ＝「世界の市民」と考えることを好んだ。だが、いったいこれは正確にいうと何を意味しているのであろうか。コスモポリタニズムに関する解釈の一つは、文字通りに世界政府とするもの――つまり、〔二〇〇三年現在〕別個に存する一九一個の国家を、単一の政治権威が取って代わるというもの――である。しかしながら、世界政府を支持する者は存在してきたが、それに欠陥があることはあまりにも明らかなことなのである。

第一に、この規模の政府がどうすれば民主的なものとなりうるのかを予想するのは非常に困難である。明らかにこの政府は、選ばれた代表者によって運営されなければならないのだが、そうした代表者はそれぞれ何百万もの人々を代表していることになり、その結果普通の市民には、この政府そのものに影響力や制御を加える機会がほとんどないことになる。本章におけるわたしの議論の要旨は、小さな規模においてデモクラシーは最もうまくいく、というものであった。都市国家がおそらくその理想形態であり、国民国家が成功したのも、マスメディアを使って人々に〈政治の実際に自分はかかわっている、もしくは影響力を持つことができる〉という感覚を最低限度与えることで、〈都市の親密性〉を模倣してきたことによっていた。だが、世界政府は遠く離れたところにある、無縁の存在に映るであろう。ちょうど、これよりはもっと小さい規模のヨーロッパ連合が、現在多くの人々にそのように映っているように。そして、先ほど着目した信頼という問題が、その問題点のすべてを伴って浮上してくるであろう。自分自身とほとんど何も共有していないと感じる共同体から引き出された多数派の決定を、どうしてわたしが正当なものとみなすだろうか。

第二に、世界政府は暴政と化すかもしれないのであり、もしそのようなことがあれば個人が逃げ込むことのできる避難所が消失してしまう、という現実的なリスクがある。数々の国家からなる世界において、もしもその国民を捕らえておくために壁や塀をつくらねばならない政府があれば、それは悪しき政府の証拠となる。そして避難する選択肢がある場合、壁や塀をいつまでも維持し続けることは不可能なのである（東ドイツから西ドイツへの人々の逃亡を妨げるために建てられたベルリンの壁は二八年間ももったが、一九八九年にこなごなに砕かれた）。より多くの自由と安全の中で生活できる場所へと人々が逃げ出すことが可能だという事実は、専制政府に対して少なくともある程度までは抑止力となっている。しかしながら、もしも世界政府が実現するなら、こうした抑止力は消失してしまうだろう。

最後に、文化的多様性の増大が多くの国民国家に対して現在問題を提起しているのだとすれば、この問題は世界政府にとってさらに深刻なものとなるであろう。というのも、世界政府は現存する主要な文明を内包しなければならないからであり、そうした文明の各々は公共政策に自らの価値と信念を反映させることを目指すだろうからである。実際、こうした提案が何とか実現すると想定できる状況は二つしかない。第一に考えられるのは、現行の文化的差異を飲み込んでしまう共通のグローバル文化が登場する、というものであり、おそらくそれは巨大市場消費主義に基づくもの(そこではすべての場所が一種の巨大なアメリカ式ショッピング・モールとなるという、いわゆる「マックワールド」シナリオ)となるであろう。もう一つ考えられるのは、文化が全面的に私事化される、というものである。その場合、異なった場所における異なった集団は自分自身の文化的価値を追求しているのだが、こうした文化的価値を政府が考慮に入れるだろうという期待が完全に消失している(国教会は存在せず、信者たち自身によって建てられ、支援されている教会のみがある社会、というものをアナロジーとして想像してみよう)。第一のシナリオに比べれば、おそらくこちらの方がずっと、実現可能性のあるもの（そして当惑の少ないもの）である。しかしながら、現代の世界において最も激しい分裂の一つは、このような仕方での文化（そして特に宗教）の私事化を進める人々と、政府の政策は自らが支持する文化的価値に基づくべきだと主張する人々のあいだで生じているのだ。

文字通りの意味での世界政府は、もっと穏当な提案と区別されなければならない。それは誰よりもまず、哲学者イマヌエル・カントによって支持されており、武力行使を放棄するという恒久的な合意を国家同士が結ぶべきだ、という提案である。カントが「永遠平和」と呼んだものを保障するような同盟が存在すべきだ、というのだ。こういったものが現在、自由民主主義国家どうしの関係の中に前兆として現れているとみなすことができる。そこには、交渉や、ヨーロッパ連合や国連のような国際機関への訴えによって互いの相違を解決するという、時には暗黙の、そして時には明示の合意が含まれている。この種の合意は国家間関係を安定化させるのだが、個々の国家が依然として政治的権威の主要な源泉になったままであるということは、強調されてしかるべきである。そしてカント自身もこうした結果を好んでいた。単一の世界政府は、「すべての人類のエネルギーを搾り取り、自由の墓場へといたる普遍的な専制政治」となるだろう、と彼は考えたのである。

最高度に文字通りの意味で考えられたコスモポリタニズムは、実現可能性の低いものであるし魅力的でもない。しかしながら、しばしば政治哲学者は〈世界市民《ワールド・シチズン》として存在する《シップ》〉という考えを、これとは異なった仕方で解釈することがある。つまり、政府のあり方の一形態としてではなく、個人がどのように考え振る舞うべきかに関する提案として解釈するのだ。その提案とは、ネイションやその他のことがらに基づいて我々が抱く狭い愛着の念を克服して、自分自身をあたかも世界市民であるかのように、換言すれば、いかなる場所においても同胞である人間存在に対して平等の責任を負う者であるかのように考えるべきだ、というものである。この観点からすると、ネイションの境界線は、それ自体には何の道徳的意味づけもなされるべきではない、単に恣意的な区画線にすぎないことになる。特に、正義とは都市やネイションの範囲内で主に追求されるものなのだ、という考え方をやめるべきなのである。つまり人種や信条、国籍にかかわりなく、すべての人間存在の要求を同等に考慮すべきなのだ。したがって、たとえ政治的権威は特定の国民国家に帰属したままであっても、我々はそれをグローバルな正義を助成するように利用すべきなのであり、自分がたまたま属している政治共同体の内部にいる人々に対する何らかの優先的な配慮をやめるようにすべきなのだ。

この種のコスモポリタンには、我々の共同体的アイデンティティと、他の人々に対する正義の義務をすすんで受け入れようとする我々の心情とのあいだにある関係性に関して、ここまでに述べられてきたことを否定しないものが多い。彼らはまた、自分が何かに帰属しているという意識や、自分たちの政治共同体の内と外に人々を分割したりすることが、強力な仕方で人々の正義感覚をかたちづくることが非常に多いということに同意するかもしれない。だが、彼らはこうしたことを恒久的な制限とはみなさず、克服すべき問題だとみなしている。ここには深刻な問題が横たわっている。つまり、理性の原理にのみ従って人間存在が行動できる程度はどのくらいなのかという問いや、それと対照的な、理性が行為の動機づけのために感情や情緒、自分が何者であるかの感覚と結びつかなければならないのかどうか、といった問いである。だが、こうした問題に取り組むよりも、むしろわたしは倫理的コスモポリタニズムの強い解釈に疑義を呈する少なくとも二つの理由を取り上げたい。そしてその後、グローバルな正義を理解する仕方の代替案を提示したいと思う。

疑義を呈する理由の一つは、我々はこれからも文化的に分割された世界の中で生きてゆくだろう、という前提の上に置かれている。換言すれば、先に触れた「マックワールド」シナリオは実現していない、ということである。おそらく最も基底的なレヴエルではないが、文化は我々が正義を理解する様式に影響を与えている。その影響は、何が適切な意味で正義の要求だとみなせるのかという判断の形成において、たしかに存在する。宗教が明白な事例を提供する。自分の宗教上の信仰ゆえに特別な必要があるとか、服従を要求されている宗教上の慣行によって自らの機会が制限されている、といった主張を誰かがしているとしよう。この人の主張をどのようなものとみなすべきだろうか。もしも我々が、彼が所属している宗教的な伝統の内部に足場をおいて、この伝統に関する彼の解釈を受け入れるとすれば、その場合、その主張は正義の要求として妥当なものとみなされるであろう。だが、この伝統の外側からみるならば、これとは違った仕方で考えるに違いない。我々は彼の要求にはある程度の意味があるとみなすかもしれないが、それと並んで、信仰深い人たちにとってもっと負担が軽くなるように、この伝統そのものを変えることができないかと問いかけることもありえるだろう。

これと似た仕方で、正義に対する見方の違いが国際的なレヴェルにおいて問題となるかもしれない。わたしが大体において世俗化された社会に所属していて、しかもネイションの境界を無視することを要求するコスモポリタンな正義の原理にコミットしている、と仮定しよう。これとは別にもう一つ社会が存在しており、その社会はわたしの社会と比べると物質的な面で貧困であり、しかもその理由が、そのメンバーが自らの資産の大部分を宗教的支配階級に捧げており、そうする以外にほかはない（神がそれを命じている）と主張されているからだ、と仮定しよう。このような社会に住む人がわたしの財産に対してもつ権利要求には、どのくらいの重みがあるだろうか。この人がわたしに比べて貧しいのは、宗教的な理由という彼自らが選択したことがらのせいであり、それゆえわたしに対する特別の権利要求は生じてないのだ、とみなすべきであろうか。あるいは、宗教上の出費は外から強制されたものであり、したがってこの人の必要はわたしの社会に住む人々のそれよりも逼迫したものなのだ、と考えるべきだろうか。ここでの一般的な論点は、もしも文化的な差異が我々の正義理解の様式に影響を与えているとすれば、文化的に多元である世界を横断するような正義の要求は不確定なものとなってしまう、ということである。

疑義を呈するもう一つの理由は、正義と互恵性が連結していることに関係する。基本的な考えは単純に言い表せる。わたしは他者に対して、そのお返しとしてわたしに彼らが公正に振る舞うことを期待して、公正に振る舞うのである。これは、わたしが行うことと、彼らが行うことがまったく同じである、という意味ではない。状況は異なっているかもしれない。だが、たとえば、いま困っている人をわたしが助けるとすれば（家路に着くための最終バスに乗り遅れたため、夜中に一人取り残されている人に偶然出会った場合を考えてみよう）、その場合わたしは、もしも自分がその立場であれば、その人もしくは誰か他の人がわたしに対して同様のことをしてくれるであろう、という想定のうえでそうするのである。政治的共同体の範囲内では、このような互恵性という考えは、法システムやその他の統治制度を通じて具体的なかたちを与えられている。わたしが交通法規を守ったり、税金を払ったりしているとき、同胞市民も自発的に、もしくは法的制裁を避けるため、同様にこうしたことを遵守するだろう、と想定しているのである。こうした保証がないと、公正な振る舞いをする人が、良心の呵責をあまり感じない人々の食いものにされる可能性を広げることになってしまう。

この考え方をコスモポリタンな正義に適用すると、明白な問題が浮かび上がる。遠く離れた共同体に属する誰かのために何をすべきかについて、正義が命じることをわたしが知っているとしよう。この人がわたしに報いてくれるという期待をもつ理由として、どんなものがあるだろうか。わたしがなす自発的で公正な行為が誰かの食いものにされないということを、どうやって知ればよいのだろうか。もちろん、これが理由になって正義が命じることの成就が妨げられるわけではない。ただ、そうした選択のコストが高くなるのである。もし仮に共有されるグローバルな規範が現れ、それによってすべての人がある種の状況を正義の要求が課せられるものだと認めるようになれば、この問題は避けられるかもしれない。こうした規範は、大規模な自然災害のようなきわめて限られたケースで予示されている。つまりそのような場合、被害者を救助する国際援助の取り組みを組織するということが現在規範となっているのである。その意味で、ある種の形態の正義に適う行いが互恵的なものとなるような世界に向かって我々はゆっくりと進んでいるのかもしれない。だが、そのような世界が到来するまでは、正義のコスモポリタンな原理――つまり、ネイションの境界線や、その他のメンバーシップの諸形態を考慮にいれない原理という意味でのコスモポリタンな原理――に基づいて行為しようとする人は、英雄的に振る舞っている、つまり、道徳的に要求されている以上のことをしていることとなるのだ。

だからといって、国民国家の境界線を越える正義など存在しない、ということにはならない。グローバルな正義といえるものは存在するのであり、それは世界政治においてますます重要な要素となっている。だが、コスモポリタンのように、それが単なる社会正義、つまり〈あらゆる地域の人々を包含するように、国民国家の境界線を越えて拡張された社会正義〉であると理解すべきではないのだ。わたしは本章を、そして本書を、このグローバルな正義に関する非コスモポリタン的解釈を簡潔に描くことで閉じたいと思う。それには三つの要素がある。

第一に、国民国家のあいだでの相互行為に関する正しい協定を規定する、一連の制約事項が存在する。そのいくつかは、すでに国際法の入門書のなかでお馴染みのものとなっている。たとえば、国家は自らが結んだ条約その他の合意を遵守しなければならない。国家は互いの領土保全を尊重しなければならない。自衛の場合を除いて、国家は他の国家に対して武力行使をしてはならない、などである。しかしながら、これらよりも馴染みの薄い必要条件がほかにもあるのであり、最近になってようやくそうしたものが国際関係を運営していくうえで役割を負うようになってきている。それは、国際的な協同行為がなされる際の、コストと便益の配分の仕方に関する必要条件である。たとえば、環境問題の多くを解決するためには、国民国家に自らの市民の活動に制限を加えさせることが必要となる。二酸化炭素の排出規制に関する割り当てがその一例だし、絶滅危惧種の漁獲高割り当てもその例である。こうしたコストをどのように分配すべきかの決定は難しい作業であり、この問題を解決するうえで正義の原理が役に立つかもしれない(残念なことに解決はしばしば不明瞭なものとなる。というのも、道理に適う仕方で異なった原理を採用することが可能であるし、その結果こうした解決の際にはパワー・ポリティクスが関与する余地が不可避的に生まれてしまうからである)。

国際貿易の協定をめぐる重要な問題も存在する。裕福で強力な国家は、現在こうした協定を次のような仕方で設定することができる。つまり、自分たちの国の製品は低開発国に自由に輸出できるのに、その一方で自分たちの国の農民を保護するために、こうした低開発国の農作物が輸出されるのを困難にする障壁を課す、という仕方である。国際市場を完全に自由化することに関しては賛否両論がある。だが、どのような制限が貿易に課されるにせよ、それは貧困国の人々に裕福な国の人々と同じだけの経済的な機会を与えるようなものであるべきだ、というのが正義が命じるものなのだ。

第二に、グローバルな正義の内容に含まれるものとして、いかなる場所においても人々の人権を尊重し保護するということがあげられるのであり、それには必要とあればこうした人権を侵害する国家の権威に挑戦することも含まれている。第四章においてわたしは、人権の観念に関してある程度詳細に検討しておいた。そしてそこで基本的な人権(つまり、どこであろうと、人間存在が最低限度まともな生活を送ろうとするならば必要となる諸条件に関する権利)と、多くの人権文書の中に散見される権利の長いリスト(つまり、特定の政治的共同体がその市民に対して保障すべきものとして理解した方が適切である権利)のあいだに、線を引く必要があると主張した。ここでもこの区別は重要である。なぜなら、グローバルな正義という観点からすると、基本的な権利の保護だけが問題となるからである。我々が重要だと考える権利、たとえば普通選挙権や制限なき信教の自由の承認を怠っている、ということのみを理由として、他の国家に我々が介入すべきではない(さまざまな類の誘因——たとえば、ヨーロッパ連合のような国際的組織のメンバーシップ——を提供することによって、こうした国家がより長いリストの中にある権利を実現するよう奨励することはよいが、こうしたことの強要を試みるべきではないのだ)。

ネイションやその他文化に基づく境界線に関係なく、人権が我々に正義の義務を課しているのはなぜだろうか。一方では、文化的差異を超越した、人間の生存に関する真に普遍的な特徴を人権が明確化している、ということがあげられる。宗教的な信念や慣行の重要性について、あなたとわたしが意見を異にしても、それは道理に適ったことの範囲内であるが、拷問を受けている人や餓死するままに放置されている人が危害を受けているといえるかどうかについて意見を異にするということは、道理に反するものとならざるをえない。したがって、社会正義の思想がなぜ文化的に普遍的なものとならないのかに関してわたしが前に提示した議論は、ここでは妥当しないのである。他方では、人権には特別に大きな道徳的重要性が認められる。人権は、一個の人間に降りかかることがありうる、最も深刻な種類の危害に対応している。したがって、公平さや互恵性に対する我々の関心を人権は凌駕しているのだ。この違いは我々が直覚的に承認するものである。深刻な必要性のない人がわたしに助けを求めるとしたら（たとえば、駅まで車で送ってくれと頼んだとしよう）、その場合おそらく、この人はわたしの人のよい性格を利用しているのだろうかと、もしくは他の機会にわたしに対して同じことを彼はすすんでするだろうか、といったことを考えるであろう。しかしながら、もし彼が事故で深刻な怪我をしているとしたら、わたしが彼を助けられる立場にいる、ということだけが問題となる。人権を保護するということは、この第二のケースにあてはまる。もし人権が護られなければ、人々はひどい苦しみを背負うか、もしくは死んでしまう。したがって助けることのできる人は誰でも、正義の問題として助けなければならないのである。

グローバルな正義が命じる第三の要求は、いかなる場所においても人々は政治的に自律する機会を持っているべきだ、ということである。つまり、すべての政治的共同体は自決権を享受すべきだ、ということだ。これは、すべてのネイションがそれ自身の独立した国家をもたなければならない、という意味ではない。場合によっては、自決に関するこの単純な公式が適応できないような仕方で、人々が地理的に混ぜ合わされていることもある。それにもかかわらず、こうした場合でも実現可能な自決の形態というものが存在する。たとえば、北アイルランドにおけるプロテスタントとカトリックのあいだで結ばれた権力分有の合意がそれである。この合意は現在断続的に進んでおり、この本が書かれているあいだに端緒についた。自治への探求を挫折させてしまうものは何であろうか。それは、当該の共同体に対して帝国的支配の一形態を押しつけたいと欲するような、政治的な野望を近隣国家が抱いている場合か、もしくは経済的な状態が非常に不安定なので、その共同体に現実的な選択の余地がない場合である。どちらの場合でも、この共同体の自決が可能となるような状況を協同してつくりあげる責任が他の国家にあるのだ。

なぜこれが正義の問題なのだろうか。政治的コスモポリタニズムを批判する議論の中で、多くの集団にとって自らの文化的伝統を政治的に表現することを許されるべきだという要求がいかに重要であるか、そして、こうした要求はこの集団が政治的自決を享受してはじめて可能になる、ということをわたしは強調していた。リベラルな社会であっても、ネイションとしての自決を非常に重視しており、主権を譲渡するとしても決して喜んで譲渡などしないのである。これは、たとえ民主的な統治に積極的に参加していない人々であっても、自分たちの運命をコントロールすることに強い必要性を感じている、ということの証左なのだ。もしこのような観察が正しいとすれば、自決の機会を奪われるというのは深刻な損失であり、しかも他のネイションがこのことに関して正義の義務を課されるのに充分なほど大きな損失なのである。

もしも以上のようなかたちで定式化されたグローバルな正義が達成されるとしたら、世界は次のようなものとなるであろう。つまり、政治的権威は主として諸々の国民国家の下にとどまっているが、こうした国民国家は国際的な協同行為のコストと便益が公平な仕方で分配されることを保障するように協力するであろう。それぞれの政治的共同体は自分自身の政治的伝統にしたがって自治を実施しており、同様に社会正義の制度も場所によって多少の相違をみることになる。しかしながら、いかなる場所においても人権は尊重されており、旱魃《かんばつ》のような自然災害や抑圧的な体制によって人権が脅かされている場合には、こうした脅威を取り除くために他の国家が協力して働きかけることになる。より裕福な国家も存在すれば、そうでない国家も存在することになるだろう。このこと自体は、それが経済的な搾取の結果ではなく、政治的な選択や文化に基づく決定の所産であるなら不正なことではない。より民主的な国家もあれば、そうでない国家もあるであろう。だが、自らの統治者を直接コントロールしていない人々であっても、自分がどの政府に属しているのかをはっきりと認識しているし、その政府が自分たちの利益と価値を代表していると感じているであろう。

こうした世界像は、今日の我々の世界とは大変異なっている。それは、ジョン・ロールズがその著作『万民の法』の中で「現実的なユートピア」と呼んだものである。つまり、政治的な実現可能性の限界を、それが完全な〈絵に描いた餅〉にならないようにしつつ、できるかぎり拡大解釈した倫理的理想像なのだ。こうした世界に我々がたどりつける可能性はあるだろうか。国際的な状況を現在観察している人々の多くは、ある種の市場万能主義の到来を予想している。つまり、そこではグローバルな経済の影響力のために国民国家が本当の政治選択をすることが妨げられている、というのだ。経済競争力の最大化を保証する政策を採用する以外に選択肢がないとしたら、自決というのは何の意味もないことになる。しかしながら第一章で述べたように、この形態の宿命論は、いまや廃れてしまったかのように思えるかつての宿命論と比べて特に優れた基礎をもつものでもない。とにかく、もしも本当に政治的な選択の余地が我々にまったく残されてないとしたら、政治哲学は、それがネイションのレヴェルだろうと、国際政治のレヴェルだろうと、無用のものとなるであろう。それは「大事をよそにして安逸にふける」というものだ。本書の中でわたしが述べてきたことは、すべて以下のことを前提にしている。つまり、善き統治と悪しき統治の選択は、つねに我々の手に委ねられているのであり、それはテクノロジーが進歩し、社会が巨大化し複雑化するにつれ、善き統治の形態が変化するとしてもそうなのだ。

一〇万人規模の都市国家における善き統治像から始まって、我々はずいぶんと遠くにまできた。人々が相対的な平和と安全の中で大地を耕し、商いをし、狩りをし、教育をし、踊りをする状況を描き、その一方で、暴政や圧制の結果として荒廃と殺戮がもたらされる様を描いているロレンツェッティと比べると、同様の作業を我々が行うのはずっと難しい。我々の政治は、はるかに巨大な規模と、数多くの異なったレヴェルで運営されている。原因と結果の連鎖をみつけるのはもっと困難なことになっているし、それゆえ政治的な成功や失敗の責任を帰すことも大変困難である。しかしながら、ロレンツェッティの絵画の中には、一四世紀シエナにおいてと同様、今日でも我々にとって意味のある要素が含まれている。つまり、正当な政治的権威と暴政の区別、政府とその市民の関係性、正義の本性である。こうした問題はいまだに政治哲学の中核を占めている。そしてそのことは、人類の未来が我々のコントロールを超えたものになりつつあるように思え、その未来についてじっくりと、そして徹底的に考察し、そのうえで我々が共に何をすべきなのかを決定する必要がある、と思えるまさしくこの時代においてこそ、依然として妥当なことなのである。

政治哲学はどのようなものとなりうるのか

山岡龍一

政治哲学について何か読んでみたい、と思ってこの本を手に取られた方は、本書にざっと目を通してみて、どう思っただろうか。ここにはプラトンやカントは一応出てくるが、ほんのわずかな役割しか与えられていない。それなりの扱いを受けているのはホッブズとJ・S・ミルぐらいで、アリストテレスやヘーゲル、ニーチェは登場しない。政治哲学や政治理論について多少読んだことのある人にとって、アレントやハーバーマス、フーコーといった名前がないのは違和感があるかもしれない。

日本における「哲学」というジャンルが、長いあいだいわゆるドイツ観念論の支配的な影響下にあったせいで、哲学書というのはカントやヘーゲルを解釈(解説)するもの、もしくはこうした哲学者が取り上げたテーマを論じるものだというイメージがつくられてきた。あるいは、プラトンやアリストテレスの議論に立ち返り、ことがらの本質へ迫ろうとする試みこそ、真の哲学なのだというイメージがある。そしてこのイメージとセットになっているのが、こうした西洋の形而上学全体を脱構築し、新たな知のあり方を探ることがいま必要なのだ、という〈反哲学的な〉哲学観である。こうした仕方で捉えられる〈哲学〉とは、いわば超人の営みであり、普通の人々には及びもつかない知性によって把握された真理の解明(もしくは「真理」などないという真理の解明)だといえよう。

デイヴィッド・ミラーが本書で提示している政治哲学は、そのようなものではない。伝統的な政治哲学が〈哲学者が政治について書いたもの〉を指しているとすれば、ミラーがここで展開しているのは〈哲学的に洗練された政治に関する知識〉であるといえよう。この場合における哲学とは、常人には手の届かない何か特別の(秘教的な)知識ではない。ごく普通の人々がもっている(あるいはもつことのできる)意見や情報を基にして、それを批判的に吟味したものがここでは提示されているのであり、その吟味の方法が哲学的だとされているのである。こうした哲学観が採用されているのは、本書が初心者のことを念頭に置かれて書かれたからではない。これはすでに一つのジャンルとして確立されてきた政治哲学の考え方であり、ミラーはこの伝統をここに簡潔にまとめているのである。しばしばこうした立場は「政治哲学」というより「政治理論」と呼ばれる方が適切だとされる。実際、本書を翻訳する際、タイトルを「政治理論」もしくは「政治学」とした方がよいのではないか、という案もあった。とはいえ、この伝統(それは主として英語圏、中でもイギリスにおいて展開されているのだが)において、この「政治哲学」と「政治理論」という言葉はしばしば何の区別もなく同じ意味で使われることがあり、本書もはっきりと Political Philosophy と名乗っている以上、あえて本書の営みを「政治理論」と言い直す必要はないと判断した。

では、ミラーが属していると思われる政治哲学の伝統とはいかなるものなのか。このことを語るにあたってまず、二〇世紀後半における政治哲学の状況について簡単に触れる必要がある。いわゆる「政治哲学の死滅宣告」という問題である。これは、一九五六年に出版された『哲学、政治および社会』(*Philosophy, Politics and Society*, ed. by Peter Laslett, Oxford: Basil Blackwell, 1956)という論文集の巻頭にある序文において、その編者である歴史家ラスレットが発した有名な宣言である。つまり、少なくとも英語圏に関しては、「ホッブズからボサンケ」にいたる政治哲学の伝統はこの時点で途絶えており、政治哲学は事実上死滅状態にあると診断された。これは、事実としてそのような著作が生み出されていない、ということを意味するほかに、政治哲学が示すことを期待されるような価値の選択の問題はもう解決されたのだ、という「イデオロギーの終焉」というテーゼや、政治哲学的な営みの実行可能性そのものが否定されたのだというテーゼも含意するものであった。少なくとも、これは当時の学問的世界の気分をある程度は表しており、この「死滅宣告」を肯定する著作や、それに対する反論が少なからず書かれていた。この状況を決定的な意味で変えたのが、一九七一年におけるジョン・ロールズの『正義論』の登場である。これは当時の社会科学者にとって、六〇〇頁以上にわたって価値の問題をめぐる合理的な議論を展開することが可能であり、また有意義であることを実例として示した点において、まさに画期的な事件であった。実際、ロールズの衝撃は哲学という分野に限られず、政治学を含んだ社会科学全般にまで及んだ。何よりも状況の変化を表したのは、これ以降、いわば一つの学問上の「産業」として、政治哲学・政治理論というジャンルが確立されていったということである。このジャンルを主として扱う雑誌や著作が次々と刊行されるようになり、さまざまな主題をめぐって論争が交わされるようになる(もしくは、互いに引用しあう論文が急増していく)という、いわゆる普通の学問としての体裁を、政治哲学が整えるようになった。この現象をロールズ一人の功績に帰することはできないが、ロールズが決定的な重要人物であることは疑いない。ロールズについて、肯定・否定のどちらでもいいから書く、というのが、この業界への最も安直な参入方法であることはいまだにたしかなことなのである。

こうした見方に対する反論もある。一九五〇年代や六〇年代は、政治哲学が死滅したどころか、政治哲学が豊潤であった時代なのだという意見がある。たとえばイギリスの政治理論家パレクの指摘によれば、この時代には政治哲学の教祖的存在《グールー》(guru)が数多く跋扈していたのであり、アレント(Hannah Arendt)、オークショット(Michael Oakeshott)、バーリン(Isaiah Berlin)、ポッパー(Karl Popper)、シュトラウス(Leo Strauss)、フェーゲリン(Eric Voegelin)、マクファーソン(C. B. Macpherson)、ハイエク(F. A. Hayek)、コリングウッド(R. G. Collingwood)、サンタヤナ(George Santayana)、アルチュセール(Louis Althusser)、サルトル(Jean-Paul Sartre)、ハーバーマス(Jürgen Habermas)、マルクーゼ(Herbert Marcuse)といった名前があげられる(Bhikhu Parekh, "Political Theory: Traditions in Political Philosophy", in R. Goodin and H-D Klingemann eds. *A New Handbook of Political Science*, Oxford: Oxford U.P., 1996)。彼らが「グールー」と呼ばれるのは、政治哲学という一個のジャンルを彼らが形成したのではなく、個々に信奉者を獲得し、相対的に相互に独立して活動し、いわば孤高の知者として影響力を振るっていたからである。こうした人々とここで問題としている(つまりロールズ以降の)政治哲学との関係は明確ではない。バーリンを除けば、こうした人々がロールズに与えた影響関係ははっきりしない。中にはバリーのように、そうした影響をいっさい認めず、こうしたグールーたちを「世俗的な宗教の提供者」と呼び、そのほとんどの諸説には論争に耐えられる合理的な議論はないとまで主張する者もいる(Brian Barry, "Political Theory, Old and New", in Goodin and Klingemann eds. *A New Handbook of Political Science*)。バリーの意見では、この時代に注目すべき点はむしろ、社会科学の分野において合理的選択理論をはじめとする理論的な発展がみられることであり、こうした発展に哲学者が貢献する余地があるという可能性の胎動があったことこそが重要なのであった。そしてその土壌から生まれた成果が、ロールズの著作だったのである。

こうしたバリーの見方はさすがに行き過ぎだと思われる。現在次々と生産されている政治哲学、政治理論の著作の中で、グールーたちの議論はさまざまなかたちで取り上げられており、その意義を疑う者は少ないであろう。とはいえ、バリーのいうことにも一理ある。グールーたちの仕事は「人間」や「文明」「世界」といったものの見方を徹底的に問い直す、といった次元でなされるものが多く、それゆえに現行の社会に対する根本的な批判を提起するうえで参考になる。だが、それはメタ理論、つまり理論の理論であり、現実の社会を実際にどのように改革していくのかに関する実質的な議論がそこからすぐに取り出せるわけではない。ロールズおよびロールズ以降の政治哲学(これ以降、便宜的に「分析的政治哲学」と呼ぶ)の特徴の一つは、メタ理論(二階の理論)だけでなく、実質哲学(一階の理論)も提起していこうという志向性である。つまり、現実の制度や政策の(再)構築や評価に資する議論を生み出そうとする傾向が自覚されている。これは逆にいうなら、グールーたちの議論と比べて、現状追従的な性格があるといえよう。実際、ここにリベラルなイデオロギーを読み取ることは難しいことではない。だが、このことをもって、この分析的政治哲学の伝統を保守的と呼ぶのは間違いである。ロールズやバリー、そしてもちろんミラーも、現状を改良してゆくことを政治哲学の使命だと考えている。問題は、「分析的」と呼ぶことのできる、その方法である。

ここでミラーの政治哲学を考えるうえで、より狭い文脈を設定してみよう。つまり、イギリスにおける、そしてオックスフォードにおける政治哲学という文脈である。イギリスの哲学史を振り返るとき、道徳哲学におけるヒュームの重要性が見逃せない。これは先に述べた日本の哲学研究の伝統に慣れた者には意外に映るかもしれないが、少なくともイギリスにおける哲学教育の中でヒュームが占める位置は圧倒的に高い。こうしたヒュームの影響力の中でも、事実と価値の分離というテーマは、最も重要なものだといえよう。ヒューム自身がこの問題をどうとらえていたのかということの詳細は別にして、ヒューム以降の道徳哲学においてこれは一種の公理のようなかたちで受け入れられた。二〇世紀中葉においてこの教義は論理実証主義という哲学運動と結びつき、その結果、検証できる事実に関する命題と、記号間の整合的な関係に関する命題以外の命題(つまり文)は無意味だ、という立場が広まった。イギリス哲学にはベーコンやロック以来、言語の明晰化を尊ぶという伝統があったが、この伝統とこの論理実証主義が結びついていく中で、価値に関する命題は、単なる主観的な感情の表現に過ぎない、という立場(情動主義)が生まれてくる。これは言語や概念の明確な分析を哲学の任務と考える分析哲学の初期の教義であり、これがこの時代のオックスフォードで開花したのである。

この時期が先に述べた「政治哲学の死滅」の時期であることはいうまでもない。情動主義の立場に立つなら、道徳や政治の価値について合理的な議論をすることは不可能(無意味)であることになる。だが、こうした見解はさすがに極端に過ぎるものであった。分析哲学にしても、論理実証主義の立場から、後期ヴィトゲンシュタインやJ・L・オースティンらの影響を受けて「オックスフォード日常言語学派」と呼ばれるものに変質していく中で、その性格を変えていった。つまり、言葉の日常的な用法を明晰に分析していくことで、言語や概念の意味を解いていこうとする態度が生まれ、価値の問題を最初から無意味なものとする立場は消え去っていったのである。しかしながらもはや価値の問題を何らかの形而上学に訴えて論じることはできない。そして、もし日常的言語の使用の中に価値概念の意味が求められるなら、それは日常的な価値体系の追従とならざるをえないのではないか。この疑問はたとえばマルクーゼのような論者によって提起されていたが、問題はそれ程単純ではない。日常的言語の用法に尋ねることによって、価値の問題がすべて解決されるわけではない。ただし、分析哲学によって価値について合理的な議論をすることが可能になったと思われたことはたしかである。

この時期のオックスフォードにおいて、こうした分析哲学の影響を大なり小なり受けながら、政治哲学を展開していた人々がいた。最も重要な人物として先に述べたバーリンのほかに、ハート(H. L. A. Hart)とプラムナッツ(John Plamenatz)の名前があげられる。彼らはみな事実と価値の分離、という命題は受け入れつつも、価値について論じることの重要性を主張し、価値の議論が現実の制度や政策に影響を与えることを強調していた。彼らの教育と著作が、その後の分析的政治哲学の開花を準備したことはたしかである。これに加えて、オックスフォードには「哲学、政治学、経済学」(PPE)という教育プログラムが確立されていた。これによって学部レヴェルにおいて社会科学と分析哲学を同時に学ぶ世代が次々と育っていく。このような土壌から生まれたのが、バリー、グレイ(John Gray)、テイラー(Charles Taylor)、コーエン(G. A. Cohen)といった二〇世紀後期から二一世紀にかけて活躍するオックスフォード系の政治哲学者であり、ミラーもこの中に含まれる。

このようなかたちで生成してきた分析的政治哲学に、どのような特徴がみられるのだろうか。オックスフォードで教育を受けた、ミラーたちよりも一世代前で、バーリンの世代に属する政治理論家であるクランストンは、ある著作の冒頭で次のように述べていた。「本書は言語分析をすることで始まるが、言語分析で終わるわけではない。ヴィトゲンシュタインは「哲学の目標は明晰に解明することである」と述べた。わたしはそうした営みが哲学の唯一の目標だとは思わないが、それが最初の目標であるということには首肯する」(Maurice Cranston, *Freedom: A New Analysis*, London: Longmans, Green and Co Ltd, 1953)。これは、分析的政治哲学の最大公約数的な特徴だと思われる。当該の主題について、まずはその言葉や概念を日常言語のレヴェルで明晰化すること。これこそ分析的政治哲学が最低限度自らに課す任務である。ただし、クランストンが述べているように、言語の分析のみに終始するのではない。当該の問題に関して何らかの実質的な評価を示すことの方が、むしろ最終的な目標である。

実際、言語の分析だけでは問題を解決(解消)することはできない。分析哲学者の仕事は言語の実際の使用を記述することではなく、言語の正しい使用を発見することにある。問題は、日常の言語使用に照らして政治的概念の正しい使用を明確化しようとしても、唯一の正解といえる正しい使用法に行き着くことはない、という点にある。本書の例をあげれば、ミラーは正義という概念を分析するにあたって、その主要な要素として「平等」「必要」「真価・功績」という概念を探究している。分配の正義を考えるときこの三つの要素は、どれも正しい意味での「正義に適った」分配を説明するための鍵概念となる。少なくとも、我々の日常的な言語使用に照らしてみて、この三種類の意味はどれも正しい正義の解釈だといえる。現代の分析的政治哲学者は、しばしばこうした問題を、正義という概念(concept)に関して、複数の構想(conceptions)が成立している、といった説明をほどこしている。

つまり、政治哲学の主題に言語分析的にアプローチすると、一つの概念に複数の構想が正当な解釈として立ち現れてくるのである。この場合重要なのは、この複数ある構想が、どれも言葉の正しい使用法として認められる、という点である。そして、たとえば正義という概念についてみてみるなら、ある場面において〈何が正義に適う行為になるのか〉を考察する場合、複数の構想のあいだで正当性をめぐる抗争が生じることが不可避となるのが、むしろ普通なのである。こうした状況はしばしば政治的概念の「本質的論争可能性(essential contestability)」として記述される。この論争可能性を認めることは、概念の「正しい」意味=使用法を示すことの放棄を意味しない。つまり、情動主義に回帰することにはならない。それは少なくともいくつかの正しい意味を同定している。この点だけでも、分析哲学は「何が正しいのか」という規範的問いへの解答に、ある程度の貢献をしている。だが、分析的政治哲学者はここにとどまらない。複数ある構想のうち、どれが最も正しい、もしくは適切であるのか、という評価に関する判断をさらに推し進めようとする。では、それはどのようにしてなされるのか。

ここにおいて〈概念が使用される社会的現実〉という、文脈の探究が重要となる。端的にいえば、歴史学や社会科学の知識が必要となるのである。正義についてのある構想が採用されるとすれば、それはどのような社会的結果を生み出すことになるであろうか。つまり、ある特殊な正義の構想に基づく制度や政策を採用するということに関して、歴史的見地や社会科学的なモデルを駆使することによって我々は、その現実化の諸結に関するある程度の予測を得ることができるのである。ある条件下においてある種の構想が採用された場合、どのような結果が生み出される可能性が高いか。そして、我々は現在、どのような状況下にあるといえるのか。こうした問いに答えることで、事実と価値の問題は、規範的な問いへの解答を出そうとする試みの中で総合的に検討されることになる。つまり、価値の選択の問題に関して、検証や反証の可能な事実の命題に照らしながら、合理的な議論を交わすことが可能になるのである。もちろん、こうした方法が何らかの最終的な結論に至る保証はない。むしろ、政治的概念の論争可能性というのは、最後まで残るであろう。なぜなら、どのような社会的帰結が生まれるのかが明らかになっても、その帰結に関する価値判断において、さらにまた論争が生まれるからである。だが、少なくとも我々は政治的概念をめぐって合理的な議論ができる。複数の政治的構想がつねに残されるとしても、どこまでが道理に適った構想であると認めることができるのか――つまり、道理に適った政治的選択の幅はどのようなものであるか――について、ある程度の合意に至ることが可能になるであろう。政治哲学はすべての問題に最終的な決着をつけられなくてもよい。むしろ、理性的な議論を継続させることができれば、政治哲学が果たす役割は非常に大きいといわざるをえない(そして、デモクラシーというものを真剣に考えるなら、これ以上のことを政治哲学ができるといえるであろうか)。

以上が、ミラーをはじめとするある種の分析的政治哲学者が従事している営みに関する、わたしの理解である(同じく分析的政治哲学者と呼ぶことができるが、これとは異なった文脈において仕事をしている人々——たとえばコノリー(William E. Connolly)やフラスマン(Richard E. Flathman)ら——が数多くいることに注意してもらいたい。つまり、「分析的」と呼べる政治哲学にも多くの種類があるのであり、また、ここでオックスフォード系として一括りにした人々のあいだにもかなりの相違があることもたしかなのである)。このような政治哲学をする人々にとって、ロールズの仕事は最も出来のよい模範に映った。したがってロールズの著作を引用することは、それが真理を含んでいるからではなく(もちろん多くの真理がそこに含まれていると信じている人々は多いのだが)、ある種の政治哲学の作法を例示することになるゆえ、大変重要なことになった。分析的政治哲学はロールズがつくりあげたのではないが、『正義論』の登場こそが、この運動を大々的に推し進めるうえで最も力となったのである。

こうした政治哲学の営みは、一種の自己理解の試みとして解釈することができる。つまり、言語分析を通じて複数の構想を明確化する際、そしてその中から何らかの選択をする際、それはランダムに行われるわけではない。それは、何らかの価値へのコミットメントに照らされてなされる。したがって分析的政治哲学という営みは、反省的になされるなら、自己の(そして自己が所属する社会の)コミットメントの自覚化に至るであろう。そして重要なのは、そのコミットメントを使って合理的な議論を展開することである。コミットメントをただコミットメントとして主張するだけでは、単なる情動主義に終わってしまう。事実やモデル、理論などを駆使して、他者に対して自らのコミットメントを正当化するという行為が、自らのコミットメントが本当に道理に適ったものであるかどうかを吟味する最良の方法である。このように考えるなら、分析的政治哲学が保守的である必然性はない。たしかに、こうした仕方で析出されるコミットメントは、現実に働いている価値と甚だしく隔離したものとはなりにくい。しかしながらそれは、現在通用している価値に追従するということを意味しない。自己反省的で対話的な営みは、自らの内に、そして自らが所属する社会の内に潜在的に存在する価値を掘り起こし、単なる空虚な言葉に堕していた理念を、現実化の可能な構想の中に再生させることができるかもしれない。こうした開かれた性格を保持するかぎり、分析的政治哲学は現実主義的で批判的な機能を持ち続けることができるであろう。

岩波現代文庫版あとがき

本書は、二〇〇五年に岩波書店から出版されたデイヴィッド・ミラー『一冊でわかる　政治哲学』を、岩波現代文庫用に改訂したものである。旧訳の解説で、わたしは以下のように書いた。「本書は、David Miller, *Political Philosophy: A Very Short Introduction*, Oxford: Oxford University Press, 2003. の翻訳である。著者であるミラーは長らくオックスフォード大学のナフィールド・カレッジ(Nuffield College)において社会・政治理論のフェローを務めており、現在同大学の政治理論教授でもある。プラムナッツの指導の下で社会正義に関する博士論文を仕上げ、一九七六年に出版した後、社会正義に限らず、ヒュームの政治思想、市場社会主義、アナーキズム、ナショナリズムといったテーマを扱う著作を次々と著している。その他、自由に関する論文を集めたアンソロジーの編集をしたり、政治思想の百科事典の編集に参加したりもしている。このほかにも多数の仕事に従事していることからもわかるように、現在イギリスで最も活躍している政治哲学者の一人に数えられる人物である。このように彼は、一見ばらばらであるかのように思える、広範囲にわたる主題をこれまで扱ってきたが、その知見を一つのまとまったかたちに結実したのが本書である。小著であるにもかかわらず、本書が広い視野と深い考察を含んでいる理由は、こうした彼のキャリアに求めることができる」。

この点に関して、基本的に付け加えることはない。ただ、二〇〇五年以降のミラーの業績について(特に日本の読者を考慮した場合)、記すべきことがいくつかある。第一に、ミラーの著作が二冊翻訳された。つまり、『ナショナリティについて』富沢克、長谷川一年、施光恒、竹島博之訳(風行社、二〇〇七年)と、『国際正義とは何か――グローバル化とネーションとしての責任』富沢克、伊藤恭彦、長谷川一年、施光恒、竹島博之訳(風行社、二〇一一年)であるが、これらはそれぞれ、*On Nationality* (Oxford: Oxford University Press, 1995) と *National Responsibility and Global Justice* (Oxford: Oxford University Press, 2007) の邦訳である。厳密に言えば後者のみが二〇〇五年以降の作品であるが、これらの翻訳の登場は、ミラーの近年の仕事において注目すべき領域が、本書の第七章で取り上げられているテーマをめぐるものであることを示している。両訳書とも、「訳者あとがき」という形で、優れた解説が付されているので、彼の学術的営みを知るために、ぜひとも参照していただきたい。

第二に、ミラーの政治哲学論そのものにも近年の展開があり、その内容も部分的であるが、日本語で読むことができる。つまり、デイヴィッド・レオポルド、マーク・スティアーズ編著『政治理論入門——方法とアプローチ』山岡龍一、松元雅和監訳(慶応義塾大学出版会、二〇一一年)に所収されているミラーの論文「地球人のための政治哲学」(遠藤知子訳、原題は"Political philosophy for Earthlings")である。この論文を中心にして組まれたミラーの論文集が、『地球人のための正義』と題された著作(*Justice for Earthlings: Essays in Political Philosophy* (Cambridge: Cambridge University Press, 2013))であるので、この著作を基に、ミラー自身の政治哲学論の展開について、ここに若干記しておきたい。

展開といっても、本書に示された立場が大幅に変更されたというわけではない。その基本的な立場は、本書の言葉を引用するなら「政治哲学者の仕事とは、空中楼閣のごとき現実味のない理想を築き上げたり、時の政治的現実に過度に適応的になったりすることなく、正義に適った社会がどのようなものと考えられるのかを、その概略において伝えることである」(一四一頁)ということになる。彼がその議論を展開した際にその理論上の標的としたのが、彼のオックスフォードの同僚であり、二〇〇九年に早逝したG・A・コーエン(特に、G. A. Cohen, *Rescuing Justice and Equality* (Cambridge, Mass.: Harvard University Press, 2008))と、コーエンの政治哲学上の立場である「運の平等主義(Luck Egalitarianism)」であった。この立場は、本書も属すると目される分析的政治哲学の潮流の、現代的な帰結の一つであるが、ミラーの立場から見るなら、過度の抽象化へと行き過ぎた政治哲学の一種だといえる。ミラーによれば、運の平等主義の主張は次のようなものになる。つまり「人々は、他者よりもより多く、もしくはより少なく財を所有するようになる選択を自分自身でしたのではないかぎり、すべて同様なレヴェルの利得を享受すべきである」という主張であり、それは、個人に責任のない仕方で生じている不平等はすべて、何らかの仕方で補填によって中立化されなければならない、という規範的・実践的主張を帰結することになる。そして、個人の選択によらない差異、つまり運(不運)には、その人が偶々生まれた環境、能力、人間関係性等が含まれる(Cf. *Justice for Earthlings*, p. 2)。

さて、たとえこのような正義もしくは平等に関する考え方が、どれほど哲学的に一貫性をもち、実践的にいってある種の魅力をもつとしても、実現可能性という点で問題がある、というのがミラーの主張である。つまり、どの不平等(たとえば享受できた教育や、所得、社会的地位の格差等々)が、当該の個人に責任を帰すことができる選択(たとえば怠惰な生活にふける、不要な賭けに出る、勤勉に努力する等々)によるものなのかどうかを、具体的に選別するには、厳密な測定(monitoring)が必要であり、そのような測定を実際の人々に対して実施するのは、技術的にも、倫理的にも困難である。さらには、以上のような規範的主張は、抽象度が高すぎるがゆえに、実際的な適用をした際に、不確定性の問題を惹き起こしてしまう。ミラーが挙げている例(ibid., p. 235)は、高度な専門職に就いていて、同等の仕事をしている男女間に、給与所得の格差がある場合であり、運の平等主義は、このような差異を平等化することを要求するように見える、というものである。一見、これは明快な指針であり、分析哲学的アプローチとしてのこの立場の面目躍如のように思える。しかしながらミラーによれば、運の平等主義の主張は、そのような平等化＝標準化の要求が生み出す財の分配上の変容を、専門職に就く男女と、単純労働に就く男女とのあいだにある所得格差を是正すべきという要求と、矛盾するものにしてしまう可能性がある。後者の格差は、はたして、矯正すべき運の影響から逃れた関係性の(つまり、当然の)結果だろうか。もしもそれが矯正されるべきものだとしたら、どのような分配的正義の構想が、このケースにおいて妥当なものとなるのだろうか。この問いに答えることは容易ではない。つまり、運の平等主義の原理は、特定の文脈から自由となった過度に抽象的なものなのであり、それゆえに、過度に要求度の高い規範となってしまい、現実的な政策に反映しにくいものになっている、というのである。

これと関連するテーマが、規範的な原理と、当該の規範命題と関係する諸事実との関係性である。〈いったいどれほど、原理は事実に依存すべきなのか〉。この問いをめぐって、ミラーはコーエンと論争を展開している(詳しくは前掲の「地球人のための政治哲学」を参照されたい)。ミラーは、原理は事実に依存すべきではないとするコーエンの主張について、次のように論じている。事実への依存(つまり配慮)を規範理論に取り入れることには、偶然で、正当化できない現実の諸関係によって、規範的原理が汚染されてしまう危険があるのだ、という倫理的感覚が、事実への依存を否定する要求において働いている。さらには、現実の規範に照らされた実現可能性を積極的に考慮する規範理論は、不可避的に保守的なものとなるのだという政治的感覚にも、このような要求は影響を受けている。そしてコーエン自身によれば、論理的にいっても、規範的な命題には、まったく事実に依存しない、純粋な規範原理(コーエンは「根本原理」と呼ぶ)が必ず含まれていることになる(Cf. G. A. Cohen, "Facts and Principles" *Philosophy & Public Affairs*, 31, no. 3 (2003) : 211–245)。しかしながら、そのような仕方での規範原理、とりわけ正義の原理の追究は、ミラーによれば、政治哲学の仕事を適切に果たすことができない。

政治哲学の役割とは、実践を指導できる原理を明らかにすることだとミラーは主張している。そのためには、抽象的な原理を特定するだけではなく、原理と実践の関係性を示さねばならない。そして、我々の実践は不可避的に多様なのであるから、そのような多様性に原理の内容と適用法が対応できなければならない。そのために必要なのが、本書の正義を扱う章でも示された、「文脈主義(contextualism)」という立場である。何らかの規範的な構想に必要な原理は、対応する現実と実践に関する事実をめぐる知識に基づかねばならず、それは、原理の発見、洗練、適用といった諸次元において必要な、実践的判断に不可欠な知識だとされている。そのような事実の中でも、ミラーは動機に関するものを重視している。規範原理の実現可能性は、その原理が人々の動機づけに対してもつ力に大きく依存する。ミラーがナショナリズムや多文化主義、そしてグローバル化を語る際にも、この動機づけをめぐる事実が重要な論点となる。そして実際彼は「公平さの感覚は、人間の魂《プシュケー》の中に深く埋め込まれているように思える」(*Justice for Earthlings*, p. 12)と述べているのである。

コーエンのような立場が現代の政治哲学において浮上してくることに関して、ミラーは病理学的な仮説を披露している。この仮説は、冷戦終結以降に左派の平等主義的政治哲学が置かれた境遇という、文脈の設定に依拠している。冷戦期には、マルクスを権威とする、急進的な平等主義の主張が、それなりの実現可能性を期待させる規範的立場として可能であった。しかしながら冷戦以降、急速にネオ・リベラル化する社会において、そのような規範的立場の現実性、つまり、実際の政策への反映可能性は、ますます縮小していった。ロールズ的リベラリズムの核心的主張の一つが、理に反した格差の拡大に抗する「格差原理」であったにもかかわらず、社会主義に対するリベラリズムの勝利は、格差社会の蔓延を、つまり、富む者と富まざる者とのあいだの所得格差の増大が、正義に反するものだとするような正義感覚の弱体化をもたらした。このような現実的傾向性の中で、平等主義的政治哲学の一部は急進化し、事実から自由な、純粋理念としての規範原理として、正義や平等の原理を追求するようになったのだ、というのがミラーの仮説である。彼はこのような態度を、「哀歌としての政治哲学(political philosophy as lamentation)」と呼んでいる。それは、政治哲学が奉じる規範原理が実現しないことを率直に嘆き悲しむという点では誠実な態度ではあるが、実現可能性を考慮して原理や構想を調整する営みを堕落したものとし、自らの完全に観想的な営みにある純粋な正しさを誇る点で無責任な態度である。つまり、ミラーによれば、哲学上の急進主義には悲観的な観想主義に帰結してしまう恐れがあるのであり、それには政治的現状維持に資してしまったり、現状が瓦解するような危機を待望してしまったりするという、危険性があることになる。

いうまでもなく、ミラーが目指すのは責任ある政治哲学の態度である。それは、漸進的な改良を目指して、現実に存在する諸価値の重みを、事実に即して測り、現実の中に潜在する理想的な構想を、具体的な方策に活かすように努力する態度だといえる。つまりそれは、理想を捨てたり、諦めたりすることなく、しかし同時に、その現実化に立ちはだかる種々の制約からも目を背けずに、規範的洞察を追求していくことなのである。『地球人のための正義』を閉じるにあたってミラーは「正義のさまざまな構想は、私たちが知っているままの暮らしの条件によって正当化されなければならない(私たちの暮らしの条件を充たさない構想はまったく正当化されない)」(ロールズ『正義論』川本隆史他訳、紀伊國屋書店、二〇一〇年、五九五頁)というロールズの言葉を引いている。それは、さまざまに急進化、純粋化するという仕方で、分析哲学的洗練化を経た現代の政治哲学の諸流派からみれば、温和な(つまり哲学的な鋭さに欠けた)穏当主義に映るかもしれない。しかしながら西洋の政治哲学の伝統を見るとき、アリストテレス以来、モンテスキューを経てロールズへと至る、穏当主義的態度というものが確かにあるのであり、ミラーはこの伝統が生みだすと彼が考える、政治的に責任ある哲学者の在り方にこだわっているのだとみなすことができる。移民問題を扱ったミラーの近著、『我々の中に在るストレンジャー』(*Strangers in Our Midst: the Political Philosophy of Immigration* (Cambridge, Mass.: Harvard University Press, 2018)もまた、コスモポリタンが抱くような急進的な理想に飛びつかず、現実の国民国家が打ちたてた国境の存在理由を冷静に考察しつつ、たとえば人権の擁護のような正当化可能な理由をあげながら、国民国家の利益を享受する人々にも許容可能な移民受け入れ政策を模索するという、穏当主義的政治哲学の作品である。ブレグジット(Brexit)で揺れるイギリスにおいて、このような著作を刊行するという営みこそ、責任ある政治哲学者の仕事だといえないだろうか。

翻訳の方針等についても、前回の方針をそのまま引用したい。「翻訳に際して、本書の「まえがき」にミラーが書いている方針を、そのまま採用した。つまり、できるかぎりわかりやすい、平易な訳になるよう、努力したつもりである。したがって英語の単語や文章が、日本語にそのまま対応するような努力はせず、むしろ日本語としての自然な流れを生かせるように努めた。一つの英単語に対して、文脈によって異なる日本語が当てられている場合もあるし、一つの文章を複数の文章に分解した場合もある。もちろん訳者の日本語能力の限界によって、こうした願いが実現されていない部分があることを認めなければならない。翻訳の分担は以下のようになされた。第二章と第五章、そして文献案内……の下訳は森が、その他の部分の下訳は山岡が担当し、互いの訳文を読み合わせ、最終的に全ての訳を山岡が点検した。したがって翻訳の最終的な責任は山岡にある。訳者として、本文中に残っているだろう種々の過誤に関して、読者の方々からのご指摘がいただければ、幸いである。文章中の（　）は原文にある場合もあれば、読みやすさを考えて補ったものもある。〔　〕は訳者が言葉を補ったり、言葉に説明を加える際に使用した。〈　〉も意味の取りやすさを意図してつけ加えたものであり、《　》は原文中で大文字を使用するなどして強調されている場合に使用した。そして強調を表すイタリックの箇所には傍点を付している」。

今回の文庫化にあたって、旧訳をすべて山岡が点検し、特に読みやすさに留意して、かなりの改善を加えた。また、誤訳と思われる箇所もいくつか発見し、修正した。その修正稿を森が点検し、それを踏まえてこの訳文が作られた。このように読みやすさを重視することは、しばしば翻訳の正確さを犠牲にすることになりかねない。実際、原文のもつ文章構造から離れることには、あまり躊躇しなかったが、それでも原文の意味を損ねるような誤訳にはならないように注意したつもりである。それでも、いまだに読みにくさや、誤訳が残っているかもしれない。その点に関しては読者からのご指摘をいただければ幸いであるが、何よりもご容赦を願いたい。(なお、紙幅の都合で、挿絵はすべて割愛した。)

巻末の参考文献についても刷新した。旧訳の刊行以降に出された日本語文献(翻訳を含む)を、まずは森がリストに加える作業をし、それを山岡が編集した。この作業が明らかにしたのが、この一〇年あまりのあいだに生じた、日本における分析的政治哲学の興隆である。二〇〇五年にわたしは「現代政治哲学、とりわけ分析的な政治哲学の研究は、日本においてはまだ端緒についたばかりの分野である」と書いていた。しかしながら、たとえばミラーの標的である「運の平等主義」について、その理解や擁護について日本語で学ぶことが、現在なら可能なのである(広瀬巌『平等主義の哲学――ロールズから健康の分配まで』齊藤拓訳(勁草書房、二〇一六年)、広瀬巌編・監訳『平等主義基本論文集』(勁草書房、二〇一八年)、そして井上彰『正義・平等・責任――平等主義的正義論の新たなる展開』(岩波書店、二〇一七年)を参照)。現在の日本における若手政治思想研究者の動向を鑑みると、分析系の現代政治哲学は、今後ますます質量ともに充実するであろうし、この分野における日本の研究者のグローバル化への展開は加速するであろう。それは、規範的な政治哲学と実証的な社会科学との協働が、今後ますます促進するという期待ができることを意味する。私的には、このような動向に対して思うところがないわけではないが(山岡龍一「逸れグレイハウンドの誇り?——規範的政治理論と経験的政治理論の分業について」(『政治思想学会会報』第三六号、二〇一三年七月、一〜六頁)や、雑誌『ニュクス Nyx』第四号(二〇一七年)の第二特集「分析系政治哲学とその対抗者たち」に所収の諸論考を参照)、これは基本的には極めて健全な傾向性であり、さらなる発展が望まれるものである。本書がこの発展に寄与することがあれば、大変喜ばしいことだといえよう。

文庫化の提案があったという事実が、旧訳にそのような寄与がいくらかでもあったことを示していると思う。提案者である編集者の清水御狩さんには、まずはこのような機会を与えていただいたことに、そして、文庫化にあたる様々な労を取っていただいたことに、感謝したい。当初は、大した作業なしにできると思われた作業であったが、想定以上の修正を施すことになってしまった。遅々とした仕事に辛抱強く付き合っていただいたことに、重ねて御礼を申し上げたい。田中将人さんには、刷新した参考文献に目を通していただき、貴重な意見をいただいたことに感謝する。遠藤知子さんには、現代文庫版の「あとがき」原稿を読んでいただいき、内容にお墨付きを与えてくれたことに感謝したい。旧訳が出版されたとき、当時ミラーの下で研究していた遠藤さんは、彼に訳が正確かどうかを尋ねられた、というエピソードを聞いて、肝を冷やしたことがあった。今回もそのようなチェックが入るのだろうか。

最後に再び、旧訳の解説の終わりに書いた言葉を、そのまま引用することで、この「あとがき」を終えたい。「本書を読む人、あるいは大学の講義などで利用される人には、本書を批判的に読んでいくことをお勧めする。政治哲学の入門書の目的は、政治の問題に関する解答を与えることではない。政治哲学の問題について考えるようにすること、読者が政治哲学に従事することを促すことが目的のはずである。本書を手にしながら政治哲学をする人が少しでも増えるなら、訳者としてこれ以上の喜びはない」。

山岡龍一

二〇一九年二月

本書は、二〇〇五年三月に「一冊でわかる　政治哲学」
の書名で、岩波書店より刊行された。

岩波現代文庫創刊二〇年に際して

二一世紀が始まってからすでに二〇年が経とうとしています。この間のグローバル化の急激な進行は世界のあり方を大きく変えました。世界規模で経済や情報の結びつきが強まるとともに、国境を越えた人の移動は日常の光景となり、今やどこに住んでいても、私たちの暮らしは世界中の様々な出来事と無関係ではいられません。しかし、グローバル化の中で否応なくもたらされる「他者」との出会いや交流は、新たな文化や価値観だけではなく、摩擦や衝突、そしてしばしば憎悪までをも生み出しています。グローバル化にともなう副作用は、その恩恵を遥かにこえていると言わざるを得ません。

今私たちに求められているのは、国内、国外にかかわらず、異なる歴史や経験、文化を持つ「他者」と向き合い、よりよい関係を結び直してゆくための想像力、構想力ではないでしょうか。

新世紀の到来を目前にした二〇〇〇年一月に創刊された岩波現代文庫は、この二〇年を通して、哲学や歴史、経済、自然科学から、小説やエッセイ、ルポルタージュにいたるまで幅広いジャンルの書目を刊行してきました。一〇〇〇点を超える書目には、人類が直面してきた様々な課題と、試行錯誤の営みが刻まれています。読書を通した過去の「他者」との出会いから得られる知識や経験は、私たちがよりよい社会を作り上げてゆくために大きな示唆を与えてくれるはずです。

一冊の本が世界を変える大きな力を持つことを信じ、岩波現代文庫はこれからもさらなるラインナップの充実をめざしてゆきます。

（二〇二〇年一月）

はじめての政治哲学　デイヴィッド・ミラー

2019 年 4 月 16 日　第 1 刷発行
2022 年 9 月 26 日　第 2 刷発行

訳 者　山岡龍一《やまおかりゅういち》　森《もり》　達也《たつや》

発行者　坂本政謙

発行所　株式会社 岩波書店
〒101-8002 東京都千代田区一ツ橋 2-5-5

案内 03-5210-4000　営業部 03-5210-4111
https://www.iwanami.co.jp/

印刷・精興社　製本・中永製本

ISBN 978-4-00-600403-3　Printed in Japan

文献案内

概説書

本書が扱った議論をさらに掘り下げたい読者のために，政治哲学の入門書をいくつか推薦するとすれば，以下のものがある．

Jonathan Wolff, *An Introduction to Political Philosophy*(Oxford University Press, 1996).〔ジョナサン・ウルフ著，坂本知宏訳『政治哲学入門』晃洋書房，2000 年〕

Adam Swift, *Political Philosophy: A Beginner's Guide for Students and Politicians*(Polity Press, 2001).〔アダム・スウィフト著，有賀誠，武藤功訳『政治哲学への招待——自由や平等のいったい何が問題なのか？』風行社，2011 年〕

Will Kymlicka, *Contemporary Political Philosophy*, 2nd edn.(Oxford University Press, 2002).〔ウィル・キムリッカ著，千葉眞，岡崎晴輝[訳者代表]『新版　現代政治理論』日本経済評論社，2005 年〕

Dudley Knowles, *Political Philosophy*(Routledge, 2001).

Gerald Gaus, *Political Concepts and Political Theories*(Westview Press, 2000).

Robert Goodin and Philip Pettit, *A Companion to Contemporary Political Philosophy*(Blackwell, 1993).

政治哲学の歴史の入門書となると，さらに大きな問題が生じる．おそらくは歴史研究の蓄積が膨大であるために，現代の学者はこの主題に関する概説書を一人で書き上げるのを躊躇している．複数の著者による入門的な本としては，David Muschamp(ed.), *Political Thinkers*(Macmillan, 1986)および Brian Redhead(ed.), *Political*

Thought from Plato to Nato(Penguin, 1995)がある．これらは個々の政治哲学者たちを時代順に扱っている．一般的な主題を説明するために歴史上の人物を用いた研究として，上述のジョナサン・ウルフの著書と John Morrow, *History of Political Thought*(Macmillan, 1998)の二点があげられる．ホッブズ以降の政治思想を詳細に扱ったものとしては，Iain Hampsher-Monk, *A History of Modern Political Thought*(Blackwell, 1992)がある．政治思想史における主要な人物とその周辺の人物の両方に関する簡潔な説明については，わたしとジャネット・コールマン(Janet Coleman)，ウィリアム・コノリー(William Connolly)，アラン・ライアン(Alan Ryan)の編集による *The Blackwell Encyclopaedia of Political Thought*(Blackwell, 1987)をみていただきたい．

1章

ロレンツェッティのフレスコ画は Randolph Starn, *Ambrogio Lorenzetti: The Palazzo Pubblico, Siena*(Braziller, 1994)の中で複写されており，また議論されている．この絵はインターネット上でも見ることができる(http://www.wga.hu/index.html)．フレスコの解釈について，わたしはクェンティン・スキナー(Quentin Skinner)のロレンツェッティに関する論文から多くの示唆を得た．この論文は彼の *Visions of Politics*, ii(Cambridge University Press, 2002)に再録されている．

社会における物質的生産の形式によって政治の大部分が決定されるというマルクスの理論は，『共産党宣言』〔大内兵衛，向坂逸郎訳，岩波文庫，1971 年〕と『経済学批判』〔武田隆夫，遠藤湘吉，大内力，加藤俊彦訳，岩波文庫，1956 年〕の序文にみいだすことができる．いずれも *Karl Marx: Selected Writings*, ed. D. McLellan(Oxford University Press, 1977)等に，標準的な抜粋というかたちで収録されている．「歴史の終焉」テーゼは，Francis Fukuyama, *The End of History and the Last Man*(Hamish Hamilton, 1992)〔フランシ

ス・フクヤマ著，渡部昇一訳『歴史の終わり』全3巻，三笠書房，1992年〕によって有名となった．

ホッブズとプラトンについてはそれぞれ，Thomas Hobbes, *Leviathan*, ed. R. Tuck (Cambridge University Press, 1991)〔水田洋訳『リヴァイアサン』全4巻，岩波文庫，1992年〕，Plato, *The Republic*, trans. by H. D. P. Lee (Penguin, 1955)〔藤沢令夫訳『国家』全2巻，岩波文庫，1979年〕をはじめとして多くの翻訳がある．洞窟の比喩は第7巻に出てくる．

デモクラシーの古代的形式と近代的形式の対比については，Sanford Lakoff, *Democracy: History, Theory, Practice* (Westview Press, 1996)をご覧いただきたい．

2章

わたしの知るかぎり，政治的権威に関して最もわかりやすい議論をしているのは，April Carter, *Authority and Democracy* (Routledge & Kegan Paul, 1979)である．より詳細なものとしては，Leslie Green, *The Authority of the State* (Clarendon Press, 1998)があげられる．

ホッブズが描写した政治的権威なき生活の様子は，彼の *Leviathan*, ed. Richard Tuck (Cambridge University Press, 1991)の第13章に，引用した一節はp. 89〔前掲邦訳第1巻，211頁〕にみいだせる．また Richard Tuck, *Hobbes* (Oxford University Press, 1989)〔リチャード・タック著，田中浩，重森臣広訳『トマス・ホッブズ』未來社，1995年〕は，ホッブズの思想に対する優れた入門書である．

アナーキズムについて，すでにわたしは *Anarchism* (Dent, 1984)において詳細に論じておいた．最も有名なコミュニタリアン的アナーキストは，ロシアの公爵ピョートル・クロポトキンである――たとえば彼の *The Conquest of Bread and Other Writings*, ed. M. Shatz (Cambridge University Press, 1995)〔幸徳秋水訳『麺麭の略取』岩波文庫，1960年〕をみよ．リバタリアンの政治哲学に関し

て最も重要な著作は，Robert Nozick, *Anarchy, State, and Utopia* (Blackwell, 1974)〔ロバート・ノージック著，嶋津格訳『アナーキー・国家・ユートピア――国家の正当性とその限界』木鐸社，1992年〕である．ただし，ノージックは最終的にアナーキーではなく最小国家を擁護していることを付言しておく．同書に関するすぐれた議論として，Jonathan Wolff, *Robert Nozick* (Polity Press, 1991)〔ジョナサン・ウルフ著，森村進，森村たまき訳『ノージック――所有・正義・最小国家』勁草書房，1994年〕がある．

公共財，およびそれを供給するために政治的権威が必要とされるかどうかという問いについては，David Schmidtz, *The Limits of Government* (Westview Press, 1991) をみよ．

政治的義務の問題は，John Horton, *Political Obligation* (Macmillan, 1992) において議論されている．フェア・プレイの議論の最も説得力ある擁護は，G. Klosko, *The Principle of Fairness and Political Obligation* (Rowman & Littlefield, 1992) にみいだせる．この問題，および同意の論証に批判を加えているのは，A. John Simmons, *Moral Principles and Political Obligations* (Princeton University Press, 1979) である．

市民的不服従の根拠については，Peter Singer, *Democracy and Disobedience* (Oxford University Press, 1973) の中で議論されている．

3章

ジョン・ロックのホッブズ批判は，彼の *Two Treatises of Government*, ed. P. Laslett (Cambridge University Press, 1988)〔加藤節訳『完訳　統治二論』岩波文庫，2010年〕にみいだせる．引用は *Second Treatise*, ch. 7, p. 328〔邦訳 401 頁〕より．

シュンペーターの引用は，Joseph Schumpeter, *Capitalism, Socialism and Democracy*, ed. T. Bottomore (Allen & Unwin, 1976), p. 262〔中山伊知郎，東畑精一訳『資本主義・社会主義・民主主義』

東洋経済新報社，1995年，419頁〕より．

ルソーの引用は，Jean-Jacques Rousseau, *The Social Contract*, ed. C. Frankel(Hafner, 1947), p. 85〔桑原武夫，前川貞次郎訳『社会契約論』岩波文庫，1954年，133頁〕より．

デモクラシー一般については，Ross Harrison, *Democracy*(Routledge, 1993)および Albert Weale, *Democracy*(Macmillan, 1999)をみよ．多元主義アプローチについては，Robert Dahl, *Democracy and its Critics*(Yale University Press, 1989)を参照．政治における民衆参加の擁護としては，Benjamin Barber, *Strong Democracy*(University of California Press, 1984)〔ベンジャミン・R.バーバー著，竹井隆人訳『ストロング・デモクラシー ── 新時代のための参加政治』日本経済評論社，2009年〕および John Burnheim, *Is Democracy Possible?*(Yale University Press, 1985)をみよ．

政治的決定を求められたときに普通の市民たちがどのように振る舞うかについて，その証拠となる議論は Anna Coote and Jo Lenaghan, *Citizens' Juries*(IPPR, 1997)および James Fishkin, *The Voice of the People*(Yale University Press, 1995)にみいだせる．

憲法が果たす役割については，Geoffrey Marshall, *Constitutional Theory*(Clarendon Press, 1971)をみよ．

4章

ジョン・スチュアート・ミルの『自由論』〔塩尻公明，木村健康訳，岩波文庫，1971年〕は，*Utilitarianism; On Liberty; Considerations on Representative Government*, ed. A. D. Lindsey(Dent, 1964)に収録されている．本章の引用は p. 125〔同前，136頁〕および p. 138〔同前，166頁〕からのものである．

アイザイア・バーリンのものを含め，自由の概念に関する最良のエッセイと考えられるものを，わたしは *Liberty*(Oxford University Press, 1991)に収録しておいた*．他の優れた論考として，Tim Gray, *Freedom*(Macmillan, 1991)および Adam Swift, *Political Phi-*

losophy(Polity Press, 2001)〔前掲『政治哲学への招待』〕, part 2があげられる.

* *The Liberty Reader*, edited and introduced by David Miller(Paradigm Publishers, 2006).

ミルの自由原理に対しては数多くの議論がなされてきた. たとえば C. L. Ten, *Mill on Liberty*(Clarendon Press, 1980) や, Joel Feinberg, *Harm to Others*(Oxford University Press, 1984)などを推薦したい.

サルマン・ラシュディの『悪魔の詩』〔全2巻, 五十嵐一訳, プロモーションズ・ジャンニ, 1990年〕をめぐる論争によって提起された, 言論の自由の問題を議論したものとして, Bhikhu Parekh (ed.), *Free Speech*(Commission for Racial Equality, 1990)および Bhikhu Parelh, *Rethinking Multiculturalism*(Macmillan, 2000), ch. 10を参照.

自然権概念の発展を跡づけた研究として, Richard Tuck, *Natural Rights Theories: Their Origins and Development*(Cambridge University Press, 1979)がある. もっと最近の人権概念の分析については, James Nickel, *Making Sense of Human Rights*(University of California Press, 1987)および Henry Shue, *Basic Rights*(Princeton University Press, 1996)を参照.

5章

聖アウグスティヌスが正義について述べている箇所は, *The City of God against the Pagans*, ed. R. W. Dyson(Cambridge University Press, 1998), p. 147〔服部英次郎, 藤本雄三訳『神の国』全5巻, 岩波文庫, 1982–1991年, 第1巻, 273頁〕である.

以前にわたしは *Principles of Social Justice*(Harvard University Press, 1999)において, 正義の理念をより詳細に分析しておいた. 同書は平等, 功績および必要の諸原理に焦点を合わせている. 相異なる正義の諸理論に関するすぐれた議論は Tom Campbell, *Justice*,

2nd edn. (Macmillan, 2001) を，また先に挙げたキムリッカおよびスウィフトによる概説書もそれぞれ有用である．相異なる正義の原理が相異なる文脈にあてはまるという考えについては，とりわけ Michael Walzer, *Spheres of Justice: A Defence of Pluralism and Equality* (Basic Books, 1983)〔マイケル・ウォルツァー著，山口晃訳『正義の領分 —— 多元性と平等の擁護』而立書房，1999 年〕を参照.

Matthew Clayton and Andrew Williams (eds.), *The Ideal of Equality* (Macmillan, 2000) は，平等について政治哲学者たちが書いた最近の論考を集めた良書である.

社会正義に対するハイエクの批判は，Friedrich Hayek, *Law, Legislation and Liberty*, vol. ii. *The Mirage of Social Justice* (Routledge & Kegan Paul, 1976)〔フリードリヒ・ハイエク著，篠塚慎吾訳『社会正義の幻想』春秋社，1998 年〕にみいだせる.

物質的なインセンティヴの排除を試みた共同体や社会の事例は，Charles Erasmus, *In Search of the Common Good: Utopian Experiments Past and Future* (Free Press, 1977) において提示されている.

ジョン・ロールズの代表作は *A Theory of Justice*, first published in 1971 (revised edn., Harvard University Press, 1999)〔川本隆史，福間聡，神島裕子訳『正義論』紀伊國屋書店，2010 年〕であるが，彼の理論をより短くかつ理解しやすくしたものが，*Justice as Fairness: A Restatement*, ed. E. Kelly (Harvard University Press, 2001)〔田中成明，亀本洋，平井亮輔訳『公正としての正義　再説』岩波書店，2004 年〕である.

市場社会主義という考えに関するわかりやすい入門書として，Julian Le Grand and Saul Estrin (eds.), *Market Socialism* (Clarendon Press, 1989) を参照.

6 章

フェミニズムと多文化主義については，共に Will Kymlicka,

Contemporary Political Philosophy, 2nd edn.(Oxford University Press, 2002)〔前掲『新版　現代政治理論』〕の中で詳細に論じられている．フェミニズムの政治思想に関する数多くの論文集が刊行されており，その中には Alison Jaggar and Iris Marion Young(eds.), *A Companion to Feminist Philosophy*(Blackwell, 1998) や Anne Phillips(ed.), *Feminism and Politics*(Oxford University Press, 1998) などがある．多文化主義については以下のものを参照．Will Kymlicka, *Multicultural Citizenship*(Clarendon Press, 1995)〔角田猛之，石山文彦，山崎康仕監訳『多文化時代の市民権 ── マイノリティの権利と自由主義』晃洋書房，1998年〕，Bhikhu Parekh, *Rethinking Multiculturalism*(Macmillan, 2000)．それらに対する批判については，Brian Barry, *Culture and Equality*(Polity Press, 2001)をみよ．

政治権力と権威をめぐる議論の中で女性に対する男性の権力がいまだ認知されていないという主張については，とりわけ Carole Pateman, *The Sexual Contract*(Polity Press, 1988)〔キャロル・ペイトマン著，中村敏子訳『社会契約と性契約 ── 近代国家はいかに成立したのか』岩波書店，2017年〕を参照．過去に政治哲学者たちが女性をどのように考えてきたかを分析したものとして，Susan Okin, *Women in Western Political Thought*(Virago, 1980)〔スーザン・モラー・オーキン著，田林葉，重森臣広訳『政治思想のなかの女 ── その西洋的伝統』晃洋書房，2010年〕がある．

ジョン・スチュアート・ミル『女性の隷従』〔大内兵衛，大内節子訳『女性の解放』岩波文庫，1957年〕からの引用は，John Stuart Mill and Harriet Taylor, *Essays on Sex Equality*, ed. A. Rossi(University of Chicago Press, 1970), p. 148〔同前，68頁〕より．男性と女性の本性のあいだに本質的な差異が存在するか否かという問いは，Deborah Rhode(ed.), *Theoretical Perspectives on Sexual Difference*(Yale University Press, 1990)の中で議論されている．

ポルノグラフィに反対するフェミニストの立場が力強く表明されているのは，Catharine MacKinnon, *Only Words*(HarperCollins,

1994)〔キャサリン・マッキノン著，柿木和代訳『ポルノグラフィ――「平等権」と「表現の自由」の間で』明石書店，1995 年〕である．

女性および文化的マイノリティが，なぜ，またどのようにして，民主政治に包摂されるべきであるかについての議論は，Anne Phillips, *The Politics of Presence*(Clarendon Press, 1995)および Iris Marion Young, *Inclusion and Democracy*(Oxford University Press, 2000)を参照.

家族内部における正義については，とりわけ Susan Moller Okin, *Justice, Gender, and the Family*(Basic Books, 1989)〔スーザン・M. オーキン著，山根純佳，内藤準，久保田裕之訳『正義・ジェンダー・家族』岩波書店，2013 年〕を参照.

アファーマティヴ・アクション政策によって提起された哲学的な論点を研究したい人々にとって，最良の出発点となるのは，Steven Cahn, *The Affirmative Action Debate*, 2nd edn.(Routledge, 2002)である．また，*A Matter of Principle*(Clarendon Press, 1986)〔ロナルド・ドゥオーキン著，森村進，鳥澤円訳『原理の問題』岩波書店，2012 年〕, part v に集められたロナルド・ドゥオーキン(Ronald Dworkin)の諸論考も参照.

7 章

想像された共同体としてのネイションという，ベネディクト・アンダーソンの影響力ある考えは，Benedict Anderson, *Imagined Communities: Reflections on the Origin and Spread of Nationalism*, revised edn.(Verso, 1991)〔白石隆，白石さや訳『定本　想像の共同体――ナショナリズムの起源と流行』書籍工房早山，2007 年〕において展開されている．ナショナリズムを社会学的現象としてとらえる二つの対照的な解釈として，Ernest Gellner, *Nations and Nationalism*(Blackwell, 1983)〔アーネスト・ゲルナー著，加藤節監訳『民族とナショナリズム』岩波書店，2000 年〕および An-

thony Smith, *National Identity*(Penguin, 1991)〔アントニー・D. スミス著，高柳先男訳『ナショナリズムの生命力』晶文社，1998 年〕がある．

ナショナル・アイデンティティはデモクラシーと社会正義を支持するというわたしの考えは，*On Nationality*(Clarendon Press, 1995)〔デイヴィッド・ミラー著，富沢克，長谷川一年，施光恒，竹島博之訳『ナショナリティについて』風行社，2007 年〕の中でさらに詳細に論じておいた．ナショナリズムは必ずしもリベラルの諸価値を害するものではないという議論については，Yael Tamir, *Liberal Nationalism*(Princeton University Press, 1993)〔ヤエル・タミール著，押村高，森分大輔，高橋愛子，森達也訳『リベラルなナショナリズムとは』夏目書房，2006 年〕を参照．

コスモポリタンの政治理念は，デヴィッド・ヘルドの *Democracy and the Global Order*(Polity Press, 1995)〔佐々木寛，遠藤誠治，小林誠，土井美徳，山田竜作訳『デモクラシーと世界秩序 ── 地球市民の政治学』NTT 出版，2002 年〕において擁護されている．コスモポリタン的な正義の原理は，Charles Beitz, *Political Theory and International Relations*(new edn., Princeton University Press, 1999)〔チャールズ・ベイツ著，進藤榮一訳『国際秩序と正義』岩波書店，1989 年〕，Thomas Pogge, *Realizing Rawls*(Cornell University Press, 1989)，および Charles Jones, *Global Justice: Defending Cosmopolitanism*(Oxford University Press, 1999)において主張されている．

マイケル・ウォルツァーは，ネイションという共同体の内部においては，世界全体にわたるものよりも「厚みのある」正義の原理が適用されるという見解を，*Thick and Thin: Moral Argument at Home and Abroad*(University of Notre Dame Press, 1994)〔芦川晋，大川正彦訳『道徳の厚みと広がり ── われわれはどこまで他者の声を聴き取ることができるか』風行社，2004 年〕の中で擁護している．

イマヌエル・カントの「永遠平和」論は，*Kant's Political Writ-*

ings, ed. H. Reiss (Cambridge University Press, 1971)〔宇都宮芳明訳『永遠平和のために』岩波文庫，1985 年〕に収録されている．引用文は p. 114〔邦訳 69 頁〕からのもの．

「現実的なユートピア」としての正義にかなった世界秩序という，ロールズのヴィジョンについては，*The Law of Peoples* (Harvard University Press, 1999)〔ジョン・ロールズ著，中山竜一訳『万民の法』岩波書店，2006 年〕を参照．

日本語で読む読者に向けての参考文献

「政治哲学」というジャンルに含まれる著作で，日本語で読めるものは膨大な数がある．だが，ミラーが考えている狭い意味での「政治哲学」つまり「分析的政治哲学」に関するものは，必ずしも多くない．実際，日本においてこのジャンルはつい最近までマイナーなものであった．だが，ミラーのつくった「文献案内」にある著作のかなり多くが翻訳されているように，その状況は変わりつつある．よって，日本語で読む読者に薦めるものは，いうまでもなくそうした翻訳である．それ以外のもので，この狭い意味での「政治哲学」に関するものはまだ相対的にいって少ない．したがって，ここではミラーが焦点を合わせたものを超えたものも紹介することになる．だが，無原則に広げるわけにもいかないので，分析的政治哲学的営みに相対的に近いものを中心に，あくまでも訳者の馴染みと好みで選んだことを，表明しておきたい．以下の文献表を作成する上での訳者の意図は，政治哲学に興味をもたれた奇特な読者が「一冊でわかる」ことに満足せず，さらに読書を進めるにあたって，入口となる穴をできるだけ数多く開けておきたい，という点にある．

一般的なもの

小野紀明，川崎修［編集代表］，川出良枝［ほか編集委員］『岩波講座 政治哲学』(全 6 巻，岩波書店，2014 年)

白鳥令，佐藤正志編『現代の政治思想』(東海大学出版会，1993年)
押村高，添谷育志編『アクセス政治哲学』(日本経済評論社，2003年)
飯島昇藏，佐藤正志，太田義器編著『現代政治理論』(おうふう，2009年)
川崎修，杉田敦編『現代政治理論　新版』(有斐閣，2012年)
姜尚中，齋藤純一編『逆光の政治哲学 —— 不正義から問い返す』(法律文化社，2016年)
田村哲樹，松元雅和，乙部延剛，山崎望『ここから始める政治理論』(有斐閣，2017年)
ロバート・タリース著，白川俊介訳『政治哲学の魅力』(関西学院大学出版会，2018年)
藤原保信『政治哲学の復権 —— 新しい規範理論を求めて』(新評論，1988年)
藤原保信，千葉眞編『政治思想の現在』(早稲田大学出版部，1990年)
福田有広，谷口将紀編『デモクラシーの政治学』(東京大学出版会，2002年)
有賀誠，伊藤恭彦，松井暁編『ポスト・リベラリズム —— 社会的規範理論への招待』(ナカニシヤ出版，2000年)
有賀誠，伊藤恭彦，松井暁編『現代規範理論入門 —— ポスト・リベラリズムの新展開』(ナカニシヤ出版，2004年)
富沢克，古賀敬太編著『二十世紀の政治思想家たち —— 新しい秩序像を求めて』(ミネルヴァ書房，2002年)
宇野重規，井上彰，山崎望編『実践する政治哲学』(ナカニシヤ出版，2012年)
足立幸男『政策と価値 —— 現代の政治哲学』(ミネルヴァ書房，1991年)
ジョナサン・ウルフ著，大澤津，原田健二朗訳『「正しい政策」がないならどうすべきか —— 政策のための哲学』(勁草書房，2016

年)

政治哲学の歴史

藤原保信『西洋政治理論史』(早稲田大学出版部, 1985年)
佐々木毅, 鷲見誠一, 杉田敦『西洋政治思想史』(北樹出版, 1995年)
藤原保信, 飯島昇藏編『西洋政治思想史』(全2巻, 新評論, 1995年)
古賀敬太編著『政治概念の歴史的展開』(第1巻—第10巻, 晃洋書房, 2004-2017年)
シェルドン・S. ウォーリン著, 尾形典男ほか訳『政治とヴィジョン』(福村出版, 2007年)
岡崎晴輝, 木村俊道編『はじめて学ぶ政治学 —— 古典・名著への誘い』(ミネルヴァ書房, 2008年)
山岡龍一『西洋政治理論の伝統』(放送大学教育振興会, 2009年)
川出良枝, 山岡龍一『西洋政治思想史 —— 視座と論点』(岩波書店, 2012年)
宇野重規『西洋政治思想史』(有斐閣, 2013年)
杉田敦, 川崎修編著『西洋政治思想資料集』(法政大学出版局, 2014年)
坂本達哉『社会思想の歴史 —— マキアヴェリからロールズまで』(名古屋大学出版会, 2014年)
小野紀明『西洋政治思想史講義 —— 精神史的考察』(岩波書店, 2015年)
リチャード・タック著, 萩原能久監訳『戦争と平和の権利 —— 政治思想と国際秩序：グロティウスからカントまで』(風行社, 2015年)
堤林剣『政治思想史入門』(慶應義塾大学出版会, 2016年)

政治・政治哲学とは何か？

デイヴィッド・レオポルド，マーク・スティアーズ編著，山岡龍一，松元雅和監訳『政治理論入門 ── 方法とアプローチ』(慶応義塾大学出版会，2011 年)

井上彰，田村哲樹編『政治理論とは何か』(風行社，2014 年)

松元雅和『応用政治哲学 ── 方法論の探究』(風行社，2015 年)

シェルドン・S. ウォリン著，千葉眞，中村孝文，斎藤眞編訳『政治学批判』(みすず書房，1988 年)

中金聡『政治の生理学 ── 必要悪のアートと論理』(勁草書房，2000 年)

バーナード・クリック著，添谷育志，金田耕一訳『現代政治学入門』(講談社学術文庫，2003 年)

宇野重規『政治哲学へ ── 現代フランスとの対話』(東京大学出版会，2004 年)

小野紀明『政治理論の現在 ── 思想史と理論のあいだ』(世界思想社，2005 年)

川崎修『「政治的なるもの」の行方』(岩波書店，2010 年)

レオ・シュトラウス著，飯島昇藏，石崎嘉彦，近藤和貴，中金聡，西永亮，高田宏史訳『政治哲学とは何であるか？　とその他の諸研究』(早稲田大学出版部，2014 年)

宇野重規『政治哲学的考察 ── リベラルとソーシャルの間』(岩波書店，2016 年)

稲葉振一郎『政治の理論 ── リベラルな共和主義のために』(中公叢書，2017 年)

権威と権力

スティーヴン・ルークス著，中島吉弘訳『現代権力論批判』(未来社，1995 年)

杉田敦『権力論』(岩波現代文庫，2015 年)

盛山和夫『権力』(東京大学出版会，2000 年)

横濱竜也『遵法責務論』(弘文堂，2016 年)
瀧川裕英『国家の哲学 —— 政治的責務から地球共和国へ』(東京大学出版会，2017 年)
A. P. ダントレーヴ著，石上良平訳『国家とは何か』(みすず書房，1972 年)
C. シュミット著，田中浩，原田武雄訳『合法性と正当性』(未来社，1983 年)
小川晃一『政治権力と権威』(木鐸社，1988 年)
ジャン＝マルク・クワコウ著，田中治男，押村高，宇野重規訳『政治的正当性とは何か —— 法，道徳，責任に関する考察』(藤原書店，2000 年)
大川正彦『マルクス —— いま，コミュニズムを生きるとは？』(NHK 出版，2004 年)
上野成利『暴力』(岩波書店，2006 年)

デモクラシー

千葉眞『デモクラシー』(岩波書店，2000 年)
バーナード・クリック著，添谷育志，金田耕一訳『デモクラシー〈一冊でわかる〉』(岩波書店，2004 年)
宇野重規『〈私〉時代のデモクラシー』(岩波新書，2010 年)
齋藤純一，田村哲樹編『アクセスデモクラシー論』(日本経済評論社，2012 年)
早川誠『代表制という思想』(風行社，2014 年)
ハンナ・ピトキン著，早川誠訳『代表の概念』(名古屋大学出版会，2017 年)
山崎望，山本圭編『ポスト代表制の政治学 —— デモクラシーの危機に抗して』(ナカニシヤ出版，2015 年)
篠原一『市民の政治学 —— 討議デモクラシーとは何か』(岩波新書，2004 年)
篠原一編『討議デモクラシーの挑戦 —— ミニ・パブリックスが拓く

新しい政治』(岩波書店，2012 年)
田村哲樹『熟議の理由 —— 民主主義の政治理論』(勁草書房，2008 年)
田村哲樹『熟議民主主義の困難 —— その乗り越え方の政治理論的考察』(ナカニシヤ出版，2017 年)
ジェイムズ・S. フィシュキン著，曽根泰教監修，岩木貴子訳『人々の声が響き合うとき —— 熟議空間と民主主義』(早川書房，2011 年)
ジョン・ギャスティル，ピーター・レヴィーン編，津富宏，井上弘貴，木村正人監訳『熟議民主主義ハンドブック』(現代人文社，2013 年)
田中愛治編『熟議の効用，熟慮の効果 —— 政治哲学を実証する』(勁草書房，2018 年)
宇野重規，田村哲樹，山崎望『デモクラシーの擁護 —— 再帰化する現代社会で』(ナカニシヤ出版，2011 年)
杉田敦『デモクラシーの論じ方 —— 論争の政治』(ちくま新書，2001 年)
岡田憲治『権利としてのデモクラシー —— 甦るロバート・ダール』(勁草書房，2000 年)
岡田憲治『はじめてのデモクラシー講義』(柏書房，2003 年)
ロバート・D. パットナム著，河田潤一訳『哲学する民主主義 —— 伝統と改革の市民的構造』(NTT 出版，2001 年)
山田竜作『大衆社会とデモクラシー —— 大衆・階級・市民』(風行社，2004 年)
岡崎晴輝『与えあいのデモクラシー —— ホネットからフロムへ』(勁草書房，2004 年)
山本圭『不審者のデモクラシー —— ラクラウの政治思想』(岩波書店，2016 年)
橋場弦『民主主義の源流 —— 古代アテネの実験』(講談社学術文庫，2016 年)

ヤン＝ヴェルナー・ミュラー著，板橋拓己訳『ポピュリズムとは何か』(岩波書店，2017年)
カス・ミュデ，クリストバル・ロビラ・カルトワッセル著，永井大輔，高山裕二訳『ポピュリズム――デモクラシーの友と敵』(白水社，2018年)

自由と自由主義

藤原保信『自由主義の再検討』(岩波新書，1993年)
ジョン・グレイ著，藤原保信，輪島達郎訳『自由主義』(昭和堂，1991年)
ジョン・グレイ著，松野弘監訳『自由主義の二つの顔――価値多元主義と共生の政治哲学』(ミネルヴァ書房，2006年)
マイケル・ウォルツァー著，齋藤純一，谷澤正嗣，和田泰一訳『政治と情念――より平等なリベラリズムへ』(風行社，2006年)
Z. A. ペルチンスキー，J. グレイ編，飯島昇藏，千葉眞[訳者代表]『自由論の系譜――政治哲学における自由の概念』(行人社，1987年)
L. T. ホブハウス著，吉崎祥司監訳，社会的自由主義研究会訳『自由主義――福祉国家への思想的転換』(大月書店，2010年)
齋藤純一『自由』(岩波書店，2005年)
金田耕一『現代福祉国家と自由――ポスト・リベラリズムの展望』(新評論，2000年)
井上達夫『他者への自由』(創文社，1999年)
井上達夫『自由の秩序――リベラリズムの法哲学講義』(岩波現代文庫，2017年)
施光恒『リベラリズムの再生――可謬主義による政治理論』(慶応義塾大学出版会，2003年)
ジョン・グレイ，G. W. スミス編著，泉谷周三郎，大久保正健訳『ミル『自由論』再読』(木鐸社，2000年)
関口正司『自由と陶冶――J. S. ミルとマス・デモクラシー』(みすず

書房，1989 年）
濱真一郎『バーリンの自由論』(勁草書房，2008 年）
森達也『思想の政治学 —— アイザィア・バーリン研究』(早稲田大学出版部，2018 年）
加藤節『ジョン・ロック —— 神と人間との間』(岩波新書，2018 年）
スーザン・メンダス著，谷本光男，北尾宏之，平石隆敏訳『寛容と自由主義の限界』(ナカニシヤ出版，1997 年）
下川潔『ジョン・ロックの自由主義政治哲学』(名古屋大学出版会，2000 年）
森村進『自由はどこまで可能か —— リバタリアニズム入門』(講談社現代新書，2001 年）
森村進『リバタリアンはこう考える —— 法哲学論集』(信山社，2013 年）
ナイジェル・ウォーバートン著，森村進，森村たまき訳『「表現の自由」入門』(岩波書店，2015 年）
橋本祐子『リバタリアニズムと最小福祉国家 —— 制度的ミニマリズムをめざして』(勁草書房，2008 年）
桂木隆夫編『ハイエクを読む』(ナカニシヤ出版，2014 年）
古賀勝次郎『ハイエクと新自由主義 —— ハイエクの政治経済学研究』(行人社，1983 年）
山中優『ハイエクの政治思想 —— 市場秩序にひそむ人間の苦境』(勁草書房，2007 年）
渡辺幹雄『ハイエクと現代リベラリズム —— 「アンチ合理主義リベラリズム」の諸相』(春秋社，2006 年）
デヴィッド・ハーヴェイ著，渡辺治監訳『新自由主義 —— その歴史的展開と現在』(作品社，2007 年）
大屋雄裕『自由とは何か —— 監視社会と「個人」の消滅』(筑摩書房，2007 年）
ウェンディ・ブラウン著，向山恭一訳『寛容の帝国 —— 現代リベラリズム批判』(法政大学出版局，2010 年）

ジェレミー・ウォルドロン著，谷澤正嗣，川岸令和訳『ヘイト・スピーチという危害』(みすず書房，2015年)

正　義

井上彰『正義・平等・責任 ── 平等主義的正義論の新たなる展開』(岩波書店，2017年)
川本隆史『現代倫理学の冒険 ── 社会理論のネットワーキングへ』(創文社，1995年)
ディヴィッド・バウチャー，ポール・ケリー編，飯島昇藏，佐藤正志ほか訳『社会正義論の系譜 ── ヒュームからウォルツァーまで』(ナカニシヤ出版，2002年)
寺崎峻輔，塚崎智，塩出彰編『正義論の諸相』(法律文化社，1989年)
神島裕子『正義とは何か ── 現代政治哲学の6つの視点』(中公新書，2018年)
飯島昇藏『社会契約』(東京大学出版会，2001年)
ユージン・カメンカ，アリス・イア・スーン・テイ編，田中成明，深田三徳監訳『正義論』(未来社，1989年)
マイケル・サンデル著，鬼澤忍訳『これからの「正義」の話をしよう ── いまを生き延びるための哲学』(早川書房，2010年)
大川正彦『正義』(岩波書店，1999年)
安藤馨『統治と功利 ── 功利主義リベラリズムの擁護』(勁草書房，2007年)
児玉聡『功利と直観 ── 英米倫理思想史入門』(勁草書房，2010年)
川本隆史『ロールズ ── 正義の原理』(講談社，1997年〔新装版，2005年〕)
渡辺幹雄『ロールズ正義論再説 ── その問題と変遷の各論的考察』(春秋社，2001年)
盛山和夫『リベラリズムとは何か ── ロールズと正義の論理』(勁草書房，2006年)

福間聡『ロールズのカント的構成主義 —— 理由の倫理学』(勁草書房, 2007 年)

福間聡『「格差の時代」の労働論 —— ジョン・ロールズ『正義論』を読み直す』(現代書館, 2014 年)

大瀧雅之, 宇野重規, 加藤晋編『社会科学における善と正義 —— ロールズ『正義論』を超えて』(東京大学出版会, 2015 年)

田中将人『ロールズの政治哲学 —— 差異の神義論＝正義論』(風行社, 2017 年)

井上彰編『ロールズを読む』(ナカニシヤ出版, 2018 年)

ノーマン・ダニエルズ, ブルース・ケネディ, イチロー・カワチ著, 児玉聡監訳, 石川涼子ほか訳『健康格差と正義 —— 公衆衛生に挑むロールズ哲学』(勁草書房, 2008 年)

G. A. コーエン著, 松井暁, 中村宗之訳『自己所有権・自由・平等』(青木書店, 2005 年)

G. A. コーエン著, 渡辺雅男, 佐山圭司訳『あなたが平等主義者なら、どうしてそんなにお金持ちなのですか』(こぶし書房, 2006 年)

ヒレル・スタイナー著, 浅野幸治訳『権利論 —— レフト・リバタリアニズム宣言』(新教出版社, 2016 年)

広瀬巌著, 齊藤拓訳『平等主義の哲学 —— ロールズから健康の分配まで』(勁草書房, 2016 年)

広瀬巌編・監訳『平等主義基本論文集』(勁草書房, 2018 年)

ハリー・G. フランクファート著, 山形浩生訳・解説『不平等論 —— 格差は悪なのか？』(筑摩書房, 2016 年)

木部尚志『平等の政治理論 ——〈品位ある平等〉にむけて』(風行社, 2015 年)

伊藤恭彦『タックス・ジャスティス —— 税の政治哲学』(風行社, 2017 年)

アマルティア・セン著, 池本幸生, 野上裕生, 佐藤仁訳『不平等の再検討 —— 潜在能力と自由』(岩波書店, 1999 年〔岩波現代文庫版,

2018年〕)
アマルティア・セン著，池本幸生訳『正義のアイデア』(明石書店，2011年)
若松良樹『センの正義論――効用と権利の間で』(勁草書房，2003年)
マーサ・C.ヌスバウム著，神島裕子訳『正義のフロンティア――障碍者・外国人・動物という境界を越えて』(法政大学出版局，2012年)
ジョン・E.ローマー著，伊藤誠訳『これからの社会主義――市場社会主義の可能性』(青木書店，1997年)
齋藤純一『不平等を考える――政治理論入門』(筑摩書房，2017年)
塩野谷祐一，鈴村興太郎，後藤玲子編『福祉の公共哲学』(東京大学出版会，2004年)
立岩真也『自由の平等――簡単で別な姿の世界』(岩波書店，2004年)
ノーマン・バリー著，齋藤俊明，法貴良一，高橋和則，川久保文紀訳『福祉――政治哲学からのアプローチ』(昭和堂，2004年)
トニー・フィッツパトリック著，武川正吾，菊地英明訳『自由と保障――ベーシック・インカム論争』(勁草書房，2005年)
P.ヴァン・パリース著，後藤玲子，齊藤拓訳『ベーシック・インカムの哲学――すべての人にリアルな自由を』(勁草書房，2009年)
立岩真也，齊藤拓『ベーシックインカム――分配する最小国家の可能性』(青土社，2010年)
アイリス・マリオン・ヤング著，岡野八代，池田直子訳『正義への責任』(岩波書店，2014年)
デイヴィッド・ジョンストン著，押村高，谷澤正嗣，近藤和貴，宮崎文典訳『正義はどう論じられてきたか――相互性の歴史的展開』(みすず書房，2015年)
アヴィシャイ・マルガリート著，森達也，鈴木将頼，金田耕一訳

『品位ある社会 ──〈正義の理論〉から〈尊重の物語〉へ』(風行社, 2017 年)

フェミニズムと多文化主義

メアリ・ウルストンクラーフト著, 白井堯子訳『女性の権利の擁護 ── 政治および道徳問題の批判をこめて』(未来社, 1980 年)

アイリーン・ジェインズ・ヨー編, 永井義雄, 梅垣千尋訳『フェミニズムの古典と現代 ── 甦るウルストンクラフト』(現代思潮新社, 2002 年)

竹村和子『フェミニズム』(岩波書店, 2000 年)

江原由美子『フェミニズムと権力作用』(勁草書房, 2000 年)

岡野八代『フェミニズムの政治学 ── ケアの倫理をグローバル社会へ』(みすず書房, 2012 年)

岡野八代『シティズンシップの政治学 ── 国民・国家主義批判』(白澤社, 2003 年)

野崎綾子『正義・家族・法の構造変換』(勁草書房, 2003 年)

ジュディス・バトラー著, 竹村和子訳『ジェンダー・トラブル ── フェミニズムとアイデンティティの攪乱』(青土社, 1999 年〔新装版, 2018 年〕)

エヴァ・フェダー・キテイ著, 岡野八代, 牟田和恵監訳『愛の労働あるいは依存とケアの正義論』(白澤社, 2010 年)

田崎英明『ジェンダー／セクシュアリティ』(岩波書店, 2000 年)

齋藤純一編『親密圏のポリティクス』(ナカニシヤ出版, 2003 年)

田村哲樹『政治理論とフェミニズムの間 ── 国家・社会・家族』(昭和堂, 2009 年)

ウィリアム・E. コノリー著, 杉田敦, 齋藤純一, 権左武志訳『アイデンティティ／差異 ── 他者性の政治』(岩波書店, 1998 年)

マイケル・ケニー著, 藤原孝, 松島雪江, 佐藤高尚, 山田竜作, 青山円美訳『アイデンティティの政治学』(日本経済評論社, 2005 年)

チャールズ・テイラーほか著，エイミー・ガットマン編，佐々木毅，辻康夫，向山恭一訳『マルチカルチュラリズム』(岩波書店，1996年)
辻内鏡人『現代アメリカの政治文化 ── 多文化主義とポストコロニアリズムの交錯』(ミネルヴァ書房，2001年)
花崎皋平『〈共生〉への触発 ── 脱植民地・多文化・倫理をめぐって』(みすず書房，2002年)
アンドレア・センプリーニ著，三浦信孝，長谷川秀樹訳『多文化主義とは何か』(白水社文庫クセジュ，2003年)
松元雅和『リベラルな多文化主義』(慶応義塾大学出版会，2007年)
小森陽一『ポストコロニアル』(岩波書店，2001年)
本橋哲也『ポストコロニアリズム』(岩波新書，2005年)
ロバート・J.C.ヤング著，本橋哲也訳『ポストコロニアリズム〈一冊でわかる〉』(岩波書店，2005年)
佐藤正志，ポール・ケリー編『多元主義と多文化主義の間 ── 現代イギリス政治思想史研究』(早稲田大学出版部，2013年)
ウィル・キムリッカ著，稲田恭明，施光恒訳『多文化主義のゆくえ ── 国際化をめぐる苦闘』(法政大学出版局，2018年)
ジェラール・フシャール著，丹羽卓監訳『間文化主義 ── 多文化共生の新しい可能性』(彩流社，2017年)

ネイションとグローバリゼーション

姜尚中『ナショナリズム』(岩波書店，2001年)
大澤真幸，姜尚中編『ナショナリズム論・入門』(有斐閣，2009年)
植村和秀『ナショナリズム入門』(講談社，2014年)
マイケル・イグナティエフ著，幸田敦子訳『民族はなぜ殺し合うのか ── 新ナショナリズム6つの旅』(河出書房新社，1996年)
エルネスト・ルナン，J.G.フィヒテ，J.ロマン，E.バリバール，鵜飼哲著，大西雅一郎，細見和之，上野成利，鵜飼哲訳『国民とは何か』(インスクリプト，1997年)

西川長夫『〔増補〕国境の越え方』(平凡社，2001年)
E. J. ホブズボーム著，浜林正夫，嶋田耕也，庄司信訳『ナショナリズムの歴史と現在』(大月書店，2001年)
アントニー・D. スミス著，庄司信訳『ナショナリズムとは何か』(ちくま学芸文庫，2018年)
塩川伸明『民族とネイション――ナショナリズムという難問』(岩波新書，2008年)
施光恒，黒宮一太編『ナショナリズムの政治学――規範理論への誘い』(ナカニシヤ出版，2009年)
山崎望編『奇妙なナショナリズムの時代――排外主義に抗して』(岩波書店，2015年)
丸山眞男著，古矢旬編『超国家主義の論理と心理　他八篇』(岩波文庫，2015年)
デヴィッド・ヘルド編，中谷義和監訳『グローバル化とは何か――文化・経済・政治』(法律文化社，2002年)
マンフレッド・B. スティーガー著，櫻井公人，櫻井純理，高嶋正晴訳『新版　グローバリゼーション〈一冊でわかる〉』(岩波書店，2010年)
内山秀夫，薬師寺泰蔵編『グローバル・デモクラシーの政治世界――変貌する民主主義のかたち』(有信堂高文社，1997年)
マイケル・ウォルツァー編，石田淳，向山恭一，高橋康浩，越智敏夫，佐々木寛訳『グローバルな市民社会に向かって』(日本経済評論社，2001年)
アントニー・G. マッグルー編，松下冽訳『変容する民主主義――グローバル化のなかで』(日本経済評論社，2003年)
トマス・ポッゲ著，立岩真也監訳『なぜ遠くの貧しい人への義務があるのか――世界的貧困と人権』(生活書院，2010年)
押村高『国際正義の論理』(講談社，2008年)
伊藤恭彦『貧困の放置は罪なのか――グローバルな正義とコスモポリタニズム』(人文書院，2010年)

デイヴィッド・ミラー著，富沢克ほか訳『国際正義とは何か —— グローバル化とネーションとしての責任』(風行社，2011 年)
井上達夫『世界正義論』(筑摩書房，2012 年)
内藤正典，岡野八代編著『グローバル・ジャスティス —— 新たな正義論への招待』(ミネルヴァ書房，2013 年)
ピーター・シンガー著，児玉聡，石川涼子訳『あなたが救える命 —— 世界の貧困を終わらせるために今すぐできること』(勁草書房，2014 年)
宇佐美誠編著『グローバルな正義』(勁草書房，2014 年)
上原賢司『グローバルな正義 —— 国境を越えた分配的正義』(風行社，2017 年)
ジョン・グレイ著，松野弘監訳『ユートピア政治の終焉 —— グローバル・デモクラシーという神話』(岩波書店，2011 年)
小田川大典，五野井郁夫，高橋良輔編『国際政治哲学』(ナカニシヤ出版，2011 年)
金慧『カントの政治哲学 —— 自律・言論・移行』(勁草書房，2017 年)
市野川容孝，小森陽一著『難民』(岩波書店，2007 年)
クリスチャン・ヨプケ著，遠藤乾，佐藤崇子，井口保宏，宮井健志訳『軽いシティズンシップ —— 市民，外国人，リベラリズムのゆくえ』(岩波書店，2013 年)
ロジャース・ブルーベイカー著，佐藤成基，髙橋誠一，岩城邦義，吉田公記編訳『グローバル化する世界と「帰属の政治」 —— 移民・シティズンシップ・国民国家』(明石書店，2016 年)
杉田敦編『デモクラシーとセキュリティ —— グローバル化時代の政治を問い直す』(法律文化社，2018 年)